U0081533

Sen Ma
創作卷07

撥開政治與意識形態的迷霧
迎向光明的理性時代

目次

秀威版總序

我的已經出版的作品，本來分散在多家出版公司，如今收在一起以文集的名義由秀威資訊科技有限公司出版，對我來說也算是一件有意義的大事，不但書型、字體大小不一的版本可以因此而統一，今後如有新作也只須交給同一家出版公司就行了。

稱文集而非全集，因為我仍在人間，還有繼續寫作與出版的可能，全集應該是蓋棺以後的事，就不是需要我自己來操心的了。

從十幾歲開始寫作，十六、七歲開始在報章發表作品，二十多歲出版作品，到今天成書的也有四、五十本之多。其中有創作，有學術著作，還有編輯和翻譯的作品，可能會發生分類的麻煩，但若大致劃分成創作、學術與編譯三類也足以概括了。創作類中有小說（長篇與短篇）、劇作（獨幕劇與多幕劇）和散文、隨筆的不同；學術中又可分為學院論文、文學史、戲劇史、與一般評論（文化、社會、文學、戲劇和電影評論）。編譯中有少量的翻譯作品，也有少量的編著作品，在版權沒有問題的情形下也可考慮收入。

有些作品曾經多家出版社出版過，例如《巴黎的故事》就有香港大學出版社、四季出版社、爾雅出版社、文化生活新知出版社、印刻出版社等不同版本，《孤絕》有聯經出版社（兩種版本）、北京人民文學出版社、麥田出版社等版本，《夜遊》則有爾雅出版社、文化生活新知出版社、九歌出版社（兩種版本）等不同版本，其他作品多數如此，其中可能有所差異，藉此機會可以出版一個較完整的版本，而且又可重新校訂，使錯誤減到最少。

創作，我總以為是自由心靈的呈現，代表了作者情感、思維與人生經驗的總和，既不應依附於任何宗教、政治理念，也不必企圖教訓或牽引讀者的路向。至於作品的高下，則端賴作者的藝術修養與造詣。作者所呈現的藝術與思維，讀者可以自由涉獵、欣賞，或拒絕涉獵、欣賞，就如人間的友情，全看兩造是否有緣。作者與讀者的關係就是一種交誼的關係，雙方的觀點是否相同並不重要，重要的是一方對另一方的書寫能否產生同情與好感。所以寫與讀，完全是一種自由的結合，代表了人間行為最自由自主的一面。

學術著作方面，多半是學院內的工作。我一生從做學生到做老師，從未離開過學院，因此不能不盡心於研究工作。其實學術著作也需要靈感與突破，才會產生有價值的創見。在我的論著中有幾項可能是屬於創見的：一是我拈出「老人文化」做為探討中國文化深層結構的基本原型。二是我提出的中國文學及戲劇的「兩度西潮論」，在海峽兩岸都引起不少迴響。三是對五四以來國人所醉心與推崇的寫實主義，在實際的創作中卻常因對寫實主義的理論與方法認識不足，或由於受了主觀的因素，諸如傳統「文以載道」的遺存、濟世救國的熱衷、個人的政治參與等等的干擾，以致寫出遠離真實生活的作品，我稱其謂「擬寫實主義」，且認為是研究五四以後海峽兩岸新小說與現代戲劇的不容忽視的現象。此一觀點也為海峽兩岸的學者所呼應。四是舉出釐析中西戲劇區別的三項重要的標誌：演員劇場與作家劇場，劇詩與詩劇以及道德人與情緒人的分別。五是我提出的「腳色式的人物」，主導了我自己的戲劇創作。

與純創作相異的是，學術論著總企圖對後來的學者有所啟發與導引，也就是在學術的領域內盡量貢獻出一磚一瓦，做為後來者繼續累積的基礎。這是與創作大不相同之處。這個文集既然包括二者在內，所以我不得不加以釐清。

其實文集的每本書中，都已有各自的序言，有時還不止一篇，對各該作品的內容及背景已有所闡釋，此處我勿庸詞費，僅簡略序之如上。

馬森序於維城，二〇一〇年七月二十三日

序言

一九八八年我曾出版《大陸啊！我的困惑》一書，記錄了一九八一年我到大陸訪問的印象。那次到大陸訪問為什麼會造成心中諸多抹不去的困惑呢？因為自一九四九年中共政權建立之後，政治上、社會上、人際關係上種種積累的矛盾與怪謬的現象都赤裸裸地呈現在一個外來者的眼前，譬如中共一面宣稱「窮人」的光榮與正確，一面暗羨（包括高幹和人民）富裕的生活；一面高喊「為人民服務」，一面人人都向領導折腰；一面提倡「百花齊放」，一面又堅持一花獨開的「無產階級」革命路線；一面鼓勵「大公無私」，一面走後門、拉關係，積極地營私舞弊；一面讚揚明朗奮發的精神，一面卻過著晦暗、懈怠的生活（人民的單一灰藍制式服色、公營企業服務員的態度）等等。生活在這樣的社會中，心口永遠不一，行為難免乖張，實在痛苦！

當時比較起來，台灣的社會還算合理。八〇年代，台灣已經進入經濟發展的興隆時期，基本上人人生活無慮，多半的人尚有餘錢出國旅遊，或使生活過得奢侈一些；政治上也日趨民主自由，已漸漸感受不到過去政治強人所加予的心理壓力；人民似乎預見到一個更為健康與富裕的前景就要到來。哪知過了二十年後的今天，情況又似乎改變了，反倒失業的失業，破產的破產，強盜殺人、綁架勒贖的事件層出不窮，地震、颱風的天災不斷，人民的資產一日日縮水，痛苦指數一天天升高，自殺率也達到前所未有的高潮，社會上矛盾與怪謬的現象同樣也越來越多了，使我不得不對台灣也產生了類似的困惑。

最近南方朔先生在一篇短文中引德國文學家湯瑪士・曼（Thomas Mann, 1875-1955）的話說：「政治只和少數人有關，但卻可能毀掉全體人的生活。」（見二〇〇一年十一月二十二日《中央日報・副刊》）他以為湯瑪士・曼在德國納粹當政初期雖有此警覺，並加以抨擊，但終因勢單力孤而未能奏效，致使納粹日漸坐大，釀成滔天巨禍，而湯瑪士・曼自己也不得不流亡海外。他說：「今天的台灣，我們在各式各樣的社會生活中被黏和，但卻在政治裡被撕裂分開。」不錯，選舉中野心的政客不惜玩火似地挑撥族群間的矛盾、炒作民粹思想，以達個人短暫的政治目的，把社會的安定、人民的福祉置諸腦後，住在南台灣的居民感受尤其深刻。南方朔正像湯瑪士・曼一樣發出警告說：「所有的『煽動政治』，都有如水和堤防的關係。如果狂潮並未決堤，潮水起來了，過一陣子就會退去。但若因此就以為潮水不可畏，因而失去了警覺，一旦真的決堤，那就後悔莫及。」他呼籲在危機的時刻多一些人來作警戒的「守夜人」。如果文學家也有一份社會的責任，就該以其敏銳的感受向社會提出警訊，像媒體工作者一樣，寧做報憂的烏鴉，不做報喜的喜鵲。人們誤以為烏鴉為不祥之鳥，其實只要把烏鴉看成一種警訊的象徵，未始不可能避免臨頭的災禍。不要以為台灣的榮景沒有失去的危險。有些國家和社會，本來已經達到相當的富庶與安定，像過去的菲律賓、阿根廷等國，都曾一度強過四十年前的台灣，為台灣居民所艷羨的福地。不幸遭遇到幾代無能的領導和錯誤的政策，以致走到今日的破敗現況，陷人民於水火。菲律賓的大學畢業生如今流落到港台做菲傭的地步，令人慨嘆。前車之鑑，實在就近在眼前。

人類社會走到今天，是從紊亂無序與非理性走向秩序與理性。民主政治、個人自由、資本主義等等雖說都是理性的產物，但是也有其脆弱的一面，正像南方朔所言：「必須公民以永遠的警戒心像守夜人那樣的永遠盯緊，當這種警戒心廣泛存在，民主的水準始能確保，一切決堤的可能性也才可能被適時阻擋。」如果台灣不順從理性的大勢往前走，不小心謹慎地處理內政、經濟以及微妙的兩岸關係，那真是台灣全體人民的悲哀！在此，人人都該扮演民主政治的守夜人。

本書中的篇章主要乃來自一九九八年九月到二〇〇〇年十二月兩年多中我在《文訊》雜誌所開的每月專欄，和二〇〇〇年九月到二〇〇一年八月這一年間我在《自由時報》所開的每週專欄，有少數幾篇來自二〇〇六年在《世界日報》所開的每週專欄，也有一篇發表在《中國時報・人間副刊》。在這幾年間，台灣經歷了和平的政權轉移，似乎在民主的道路上邁進了一大步，但是一向使台灣引以為傲的經濟成就卻因為種種客觀與主觀關的原因遭受到極大的挫折。

短短的幾年間，因為族群的分裂、兩岸關係的緊張、政府官員的貪贓枉法、治安的惡化、失業率暴增、自殺指數的直線上升，在在都使台灣人民的物質、精神生活急速滑落，甚至威脅著台灣的生存。這些都是過去始料未及的結果。這樣的現象不能不令人憂心，才有這些有感而作的篇章。讀者當知，發表本書所收篇章的四家媒體的政治立場是截然不同的，他們容許我長時間在他們的版面上發表另類言論，或者說與他們的立場不同的見解和看法，足見我們的媒體尚稱客觀，我們的言論還算開放自由，這一點代表了台灣優勝的一面。

以下的篇章，如與《大陸啊！我的困惑》一書對照來讀，更可以看出其中所蘊含的意味。

一、族群的認同

族群認同與文化認同

族群，雖然原始主要指的是具有同血緣的人群，可是到了今天愈來愈偏向指涉具有共同文化的人群。為何？乃因血緣經過長期的混融，難以確認；而文化的差異卻因語言、文字、風俗、習慣的特質而顯出清楚的界域。

對於血緣的混融，我可舉出幾個例子以見其難以檢核、難以區分的實況。今日中美洲被稱作「混種人」（mestizos）的族類，實際上是印地安人與西班牙人混血的後裔。這些人中較白的，可能西班牙人的血統多一些，較黑的可能除了印地安人的血統外還有非洲人的血統。要想在這個地區找出純種的印地安人或西班牙人，很困難了。然而，不要認為這是人類近代史的特例，其實自有人類以來就不停地發生血緣混同的現象。但是中南美洲的文化，雖然居民說的也是西班牙語，信仰的也是天主教，卻與西班牙不同，因為其中有印地安文化的成分。使中南美洲文化獨樹一幟的不是因為血統，而是因為文化。

又如今日散居在眾多國家中的猶太人，面貌與膚色看起來很不同，反倒與其各自所在國的居民比較接近。譬如河南省猶太村的村民，與漢人的相貌已十分近似，也早已漢化，但是仍保有了猶太人的宗教與一些習俗。猶太人不管居於何地，靠了宗教與風俗習慣，得以與其他族群區分，而具有強烈的自我認同。

另一個極不同的例子：一九六三年因為拍攝一部《中國人在巴黎》的紀錄片，我訪問了一些第一次世界大戰後來法的華工和他們的家庭。一九二〇年前後來法的中國青年華工，到一九六三年都已垂垂老矣。他們來時都是單身漢，後來與法國女子結婚組織家庭，落地生根。他們的子女，還看得出來混血的痕跡，但到了第三代，不論膚色、目色、髮色，已與法國人無異。若再過幾代，中國人的血液就像滴進大缸水中的一滴醋，一點酸味也沒有了。第一代的老祖父還會自己蒸饅頭（大概出於懷鄉之情吧），也教給了子女，可是子女寧願吃法國麵包，等老祖父一死，恐怕這饅頭文化就要結束了。沒有文化支持，血緣無用，以後不會有人認為法國族群裡也有中國人的血液。

回頭來看所謂的「漢族」，據說是黃帝的子孫，但是誰敢說黃帝征服蚩尤後，族群裡不會混融了被征服者的血液？人類史上血緣的混融不是經常出於族群的征服嗎？「漢族」這個名稱，當然是漢朝以後形成的，那時候已經有過戰國時代征伐不停的大混融，秦、楚、吳、越都在與中原的族群混融之列。以後的歷史更是不停地與四方的所謂「蠻族」相融合。五胡亂華以及蒙古王朝、滿州王朝的建立，使中原地帶的所謂「漢族」，不敢再強調血統的純正了。

自以為漢族的台灣居民，忽然有人說可能是南越的後裔，早期來台的移民，不論是來自福建，還是廣東，具有南方越人的血緣並不奇怪，但是屢經中原居民南渡，肯定也會有並不純粹的「漢族」血胤。來台以後，那就更加複雜了，原住民的血液、荷蘭人的血液，都不會缺少。再加上國民黨百萬大軍五十年來漸漸消溶不見，他們的血哪裡去了？以所謂科學家的方法來驗證族群的純正性，談何容易！倘使只為了政治上的原因，企圖與大陸上的族群劃清界限，故意宣稱台灣的族群與「漢族」無涉，可能並非明智之舉。至於造成與島上自認黃帝子孫的族群分化或對立，則更非智者願見了。

漢族到今天，與其說是血緣的族群，不如說是文化的族群。即使在血緣與漢族無關的人，像滿族的老舍、蒙族的蕭乾、席慕蓉、回族的白先勇，都無法與漢族的文化劃清界限，何況是本來號稱漢族的子孫！

台灣的統獨問題純粹是政治問題，而非種族問題。西藏居民雖非漢族，仍不能獨立；新加坡的多數居民都有漢族血統，照樣是獨立於中國以外的國家。因此台灣未來的前途，與台灣居民是否歸屬漢族無關也。

原刊二〇〇一年七月九日《自由時報・副刊》

華人乎？中國人乎？人民霧煞煞

陳水扁總統在接受德國《明鏡》月刊訪問時，自稱祖先來自中國大陸，以身為華人為榮。誰知等德文報導再譯回中文時，「華人」變成了「中國人」，令陳總統感到十分尷尬。

德文對「華人」及「中國人」的稱呼只有一個字：Chinese（陽性），正如英文也只有一個字：Chinese，法文也是一樣，只有一個字：Chinois（陽性）；依此類推，世界上所有其他文字並沒有分出「華人」與「中國人」之間的區別。因此，德國人看了訪問稿，肯定弄不清楚為什麼陳總統一會兒說「以身為中國人為榮」，一會兒又否認自己是「中國人」，好像在演荒謬劇一樣。

那麼，我們中國人自己有沒有把「華人」與「中國人」分別清楚呢？也沒有！「中華」一般指的就是「中國」。早年到歐美做工謀生的中國人，稱做「華工」；中國人到海外的移民，稱作「華僑」；中國人所說的話，稱做「華語」。尤有甚者，早期歐美的華僑以廣東人為主，因此美加的廣東華僑對外自稱為Chinese（中國人），只有碰到其他省分的中國人時才說自己是Kantonese（廣東人，更正確地應該寫作Guangdongese）。也曾經有一段時間，「廣東話」在美加等地就等同於Chinese，反倒稱「北京話」（我們所謂的「國語」）為Mandarin。

廣東人所以自稱Chinese，因為自覺「廣東人」與「中國人」之間並沒有互斥的問題，他們可以同時是廣東人，也是中國人。在美加幾代的華僑，按理說早就入籍美加，效忠當地的政府了，為什麼還自稱中國人呢？那就是因為一方面他們忘不了祖先之「根」，另一方面他們的一張面孔與當地的白種人很為不同，你不自己承認，別人也會稱你做Chinese，或者不客氣地叫你一聲Chinaman！不論我們譯作「華人」、「中國人」還是「支那人」，指的都是祖先來自中國大陸的「龍的傳人」！

「華人」與「中國人」之間學術上的細微區別，恐怕只有人類學家、社會學家、民族學家等學院裡的人才弄得清楚。一般人民在聽到陳總統一面「以身為華人為榮」，一面又拒絕承認「中華民國」就是「中國」時，不能不感到霧煞煞。

不論從中華民國的建國史還是從字義學上來說，如果「中華民國」不是中國，又是哪一國呢？當然大陸上的「中華人民共和國」也是中國。甚至說一個玩笑話，「中華民國」倒好像是「中華人民共和國」的簡稱。正因為這兩個國號所代表的政權都以代表「中國」而自居，才有所謂的九二年的「一個中國，各自表述」的共識。現在陳總統推翻了這個共識，說是沒有「共識」，只有「精神」，難道說民進黨不是經過選舉贏得政權，而使用革命的手段攫取政權的嗎？如果像共產黨一般，革了過去國民政府的命，當然可以任意否決舊政府的所有政策。然而，民主選舉不就是具有政策延續性的優點嗎？如果換一個政黨，對過去所有的國政外交一概不予承認，又有什麼政策的延續性可言呢？

到底九二年有沒有「一個中國，各自表述」的共識，應該以歷史的真相為準，不能由政客們信口雌黃。現在參與談判的海基會與陸委會的人員尚在世，無論是口頭協定，還是默契，他們是最有資格的詮釋者，為什麼陳總統不去聽聽他們的說法，而一味在瞎子摸象，結果使兩岸的關係愈來愈緊張，非要引生兵戎相向的局面不肯罷休呢？台灣的人民也都知道，倘使沒有九二年的共識或默契，怎可能有九三年的辜汪會談？這樣連人民大眾都已明白的事，當政者偏偏不知，或故做不知，不是距離人民越來越遙遠了嗎？

台灣是一個多民族的地區，但從大陸移民而來的多半都是漢族，也就是所謂的中國人。只有原住民才是名符其實的「台灣人」。有些早期移民而來的中國人自命為台灣人，稱後來的移民為外省人或中國人，稱過去的國民黨為外來政權，加以排斥，不過是以五十步笑百步而已。看在原住民的眼裡，今日民進黨的政權豈不也是外來政權？所有從大陸移民而來的漢人，不論時間長短，豈不都是外來者？可惜原住民的力量不夠龐大，無法發出他們心中的聲音與怨氣。由此可見，政治是一個實力的問題。原住民沒有實力，縱然具有多大的法理，都無濟於事！我們與中共之間的關係也是如此。今日如果我們的實力比中共還要強大，我們當然可以為所欲為。不幸的是，我們沒有足夠的力量來自衛，就不得不靠智慧與策略了。沒有智慧的錯誤策略，會造成台灣兩千三百萬人民的大災難！

硬說「中華民國」不是中國，或硬否認自己是中國人，這種顯然違反歷史和邏輯的行為，不但使中共另有解釋，也使台灣大多數的居民感到迷惑。如果一般人隨意發言也就罷了，身居大位的當政者，一言一行動見觀瞻，豈能使人民莫之所從？如果中共認為現在的政府雖然不言台獨，而實際上卻暗暗走向獨立之路，那不是逼使中共的領導人發狂、發飆嗎？他們也許真正會暫時擱下經濟發展而不顧，先來解決台灣問題。走到那一步，當下的政府有無應對之道呢？既然台灣的政府不承認自己是中國人，就沒有「中國人不打中國人」的問題了，一變而為大陸上的中國人討伐叛逆、光復國土的大業！一向主張以強硬態度對付台灣的中共軍委副主席張萬年最近已進入對台小組，參與主導處理台灣的大計，吾人對此豈能掉以輕心？

在當下的環境中，即使民進黨下定了壯烈犧牲的決心，不計代價非要實現獨立的理想不可，台灣大多數的居民是否願意配合呢？總統大選時投給宋楚瑜和連戰的大多數選票，不正表示他們對台獨的疑慮嗎？就是支持民進黨的不到四成的選民，也不敢說人人都願意為獨立而犧牲！退一步說，即使民進黨所追求的台灣獨立有實現的可能，在目前中共強大的軍事壓力下，台灣勢必要依附於比中共更強大的力量不可。今日世界上還有誰比中共更強大？日本就不必說了，不就只有一個美國嗎？已有越戰慘痛的經驗在前，美國肯為了台灣發動與中共的戰爭嗎？即使美國肯，而又戰勝了中共，經過這一番蹂躪，台灣人民還能存活多少？即使還有部分居民可以苟延殘喘，做美國的二等國民，就比做中國人更加榮耀嗎？反之，如果戰而不勝，終被中共武力統一，不承認是中國人的政府豈不使台灣又再度陷入外國殖民地的悲慘處境？原本與大陸各省人民具有同等身份的台灣人民，竟淪為中國的二等國民來接受「中國人」的軍管！當政者的所作所為可能導向的未來前景，怎麼不使台灣的大多數居民憂心呢？

「一個中國，各自表述」不過是繼承過去歷史的事實罷了。如果台灣大多數的人民並不否認「中華民國」指的就是中國，如果台灣大多數的人民也並不否認自己是中國人，那麼有一個否認自己是中國人的總統也真是件怪事了！

孔子的學生子路問孔子為政之道以何為先？孔子答道：「必也正名乎？名不正則言不順，言不順則事不成。」現在情形也是一樣，名不正則談判不順，談判不順則和平無望，計畫中的三通成為畫餅，只有眼看股市跌跌不休，人民痛苦的指數繼續攀升。兩千年前智慧老人的警語，今日的當政者依然值得仔細思考一番。

陳總統以少數政權的實力表現出多數政權的強悍，在滔滔不絕的同時是否真能聽到人民的聲音？在同質論調的包圍下是否聽得進異質的聲腔？在堅強自信的同時是否有雅量接受不同的意見？我這裡所說的話不但有一定的代表性，而且對執政者絕對是有益的！

二〇〇〇年十月二十一日

原載二〇〇〇年十二月《文訊》第一八二期

台灣人的迷思

人類對出生及所居住的土地的懷念與認同本來是種極自然的現象，《聖經・出埃及記》所記載的百萬以色列人在摩西的率領下逃離埃及，橫渡紅海，重歸上帝所允諾給祖先的福地，是歷史上或神話中重歸故里的一次偉大壯舉。數千年來，作為上帝的選民的以色列人始終流離失所，也始終為重建一個記憶中失去的故里而奮鬥不懈。雖然以色列人對自己的族群與宗教具有超強的認同感，也難免漸漸地融入世界各國的族群中。現代的移民國家，諸如美、加等國，鼓勵新移民迅速融入本地社會，除以出生本地自然歸化外，也採用宣誓歸化的政策，一旦歸化為公民，即享有一般公民法律上所享有的權利與義務。

台灣也是個移民之地，對土地的認同靠的卻是居住的久暫與血緣關係。不論新舊移民，故土均在大陸，如沒有清末的割讓、日人的統治與國共的分離，使來台的移民與故土長久切隔，對台灣的認同可能沒有今日所表現得如此強烈。然而命運使前後兩屆的移民均有故鄉而歸不得，不得不努力經營腳下的這一塊土地，也不得不安於自己的命運。可是與西方現代人不同的是，我國傳統上有種「籍貫」的意識，籍貫指的不是一己的出生地，而是父祖的所自來。譬如我們族有一支在十八世紀中期清乾隆年間赴福建做官而在當地落戶，後來又移民台灣，時間已長達兩百多年，血胤也傳了七、八代之多，可是我的族叔雖然說一口福建的方言，身份證上籍貫一欄居然填的仍是他從未去過的山東，他的子女、近親也是如此。那麼他到底自認為是「台灣人」，「福建人」，還是「山東人」，恐怕連他自己也說不清楚。

按法理說，凡在台灣定居且擁有台灣戶籍的人都可稱之為「台灣人」。然而事實上並非如此簡單，原因是在台灣今日有所謂的族群的歧異，又有所謂的統獨之爭，致使「台灣人」三個字不只是一個法律上的戶籍身份，而常常成為一個表明族群認同、政治立場，甚或排斥異己的用詞。台灣現有的四大族群，以所用語言粗略地分，有早期（明、清兩代）從福建漳、泉、廈門等地來台移民的後裔，俗稱為「河洛」系；有早期從福建、廣東客家地區來台移民的後裔，所謂「客家」系，有晚期（光復前後）各省來台的移民（包括福建、廣東兩省，實無共同的方言與血統）及其後裔，即所謂「外省」系；有原居台灣的各族群，所謂的「原住民」系。在政治立場上，有代表獨派立場的民進黨，有代表統派立場的新黨，有代表維持現狀立場的國民黨與親民黨，也有代表極獨立場的建國黨。這幾種不同的政治立場又與各族群有微妙的互動關係。一般可能認為獨派多河洛族群，統派多外省族群，其實也不盡然，我們都知也有外省的獨派和河洛的統派。面對「台灣人」一詞，這四大族群根據不同的政治立場一定有甚為不同的認定。據現有的資料，台灣的居民至少有以下五種認同的方式：一、自稱是中國人，又是台灣人，例如蔣經國先生的說法（可能代表多數外省族群的看法）；二、自稱是台灣人，又是華人，例如陳水扁先生的說法（可能代表一些河洛及客家族群的看法）；三、自稱是台灣人，絕不是中國人或華人，極端的台獨份子的說法；四、自稱是中國人絕不是台灣人，極端的統派份子的說法；五、真正應該稱為「台灣人」的，卻有另外一種稱呼，例如台灣的原住民。

問題的複雜性出於不是「自稱」或「自認」就可算數，而必須取得他者的同意，或大眾的共識才行。譬如蔣經國先生自稱是中國人，又是台灣人，在台獨份子眼中一定覺得很可笑，不一定接受他是「台灣人」。又譬如陳水扁先生自稱是台灣人，又是華人，極端的台獨份子一定也不會滿意，覺得他不夠「獨」；而外省籍的人又覺得陳水扁在玩文字遊戲，「華人」與「中國人」又有什麼區別？今日自稱為「台灣人」的早期移民的後裔一般並不認為光復前後來台的各省人也算是台灣人，雖然這些晚期移民多半與本地人通婚，生兒育女，時間已經過了半個多世紀，卻仍被稱之為「外省人」，而有蕃薯與芋仔的區別。有些早期移民的後裔，雖然如今早就離開台灣入了外國籍，也可以熱火朝天的大開「世界台灣人大會」，自覺比住在台灣的晚期移民更像「台灣人」、更愛台灣，高舉金美齡這號「出色」的旗幟，張揚著日本軍國主義的精神，不惜任意踐踏中華民國的國號，好像故意在外省族群的感受上放一把火，然後一走了之，哪管它餘燼仍在慢慢焚燒。當政者對「出色」旗幟的熱情擁抱，更使一般人民感到困擾，不知今後是否還要繼續認同具有「獨立主權」的中華民國？

有些光復後在台灣出生的外省第二代、第三代，原以為已經具有了「台灣人」的資格，誰知在更早的移民者的眼中他們仍然難脫大陸人的身份。去年台灣大學主辦的一次「台灣文學研討會」上，就曾把張大春定位為「外省作家」，只因他的父母來自山東，卻不管他在台灣出生、長大的事實。甚至連朱天文、朱天心也被定位為「外省作家」，因為她們的父親也來自山東，她們的本地母親卻不算數。比之於壯年入籍英國的波蘭人康拉德、中年入籍法國的愛爾蘭人貝克特、羅馬尼亞人尤乃斯柯，被英、法兩國的人民視為當然的英、法作家，不可同日而語。英國文學中有幾位隔海而來的巨人，像蕭伯納、王爾德等更被英國人視為國之瑰寶，並未加以族群的標籤。在這一排一吸之間，顯示了兩種不同的社會心理。這說明了在台灣的外省第二代、第三代，縱然母系來自本土，當他們自認是台灣人時，並不一定能獲得他人的接納。因此，有些晚期來台的大陸移民，為了不願遭受另眼看待，只好回歸大陸（像有些老兵），或是想辦法移民海外（像有些知識份子）；也有些不願離台的只能以在台的「華僑」而自嘲了。其實，不管早期來台的移民，還是晚期來台的移民，在台灣原住民的眼中豈不都是外來的殖民者？反諷的是台灣的原住民卻被稱為「台灣原住民」，反得不到直稱「台灣人」的榮譽！有人是否想到也該去問問這些真正「台灣之子」的意見？可惜台灣的原住民到現在還未組成一個政黨，代表他們吐露心聲！在如此複雜的糾葛中，誰是「台灣人」，誰是「真正的台灣之子」，已成為一種迷思！

面對海峽彼岸強權的虎視眈眈，如此迷思的「台灣人」如果足以號召各族群集合在共同的旗幟之下，當然會產生出同舟共濟的感受；但是當有的台灣居民自認為比其他的居民更像「台灣人」、更愛台灣，另一方面在有些居民也興沖沖地自認為「台灣人」時，卻被他者視為偽冒或笑柄，那麼這個迷思就很可能代表了排斥異己的族群分化，那就不止於釀成一種單純的危機了。但是，誰有足夠的智慧來破解這樣的迷思呢？

二〇〇一年三月二十五日

原刊二〇〇一年四月八至九日《中國時報・人間副刊》

哭泣的伊利安——國族與自由之間

四月二十三日，在《中國時報》頭版，刊出美國全副武裝的聯邦調查局幹員手執衝鋒槍指向躲在壁櫥中驚懼哭泣的伊利安的一張照片。那是美國司法部長李諾女士下令聯邦調查局於二十二日凌晨衝入伊利安在邁阿密寄寓的親戚家強行將他帶走時留下的記錄。

首先我們不免有這樣的疑問：美國聯邦調查局的幹員進入一戶普通民宅，依法帶走一名兒童，需要荷槍實彈全副武裝嗎？美國司法部李諾部長事後解釋說，根據當局所獲得的情報，在群眾中或伊利安所居房屋中可能藏有武器，因此執法單位不得不為突發事件預作準備。這種說法，不禁使人聯想到六四天安門事件中中共當局對付在天安門廣場靜坐示威的群眾，一樣都高估了群眾的對抗力量，而造成以石擊卵的結果。天安門事件，中共當局錯誤的估計與輕率的舉動造成中國難以撫平的國殤；美國聯邦調查局對伊利安所做的凌晨突擊，據美國心理專家認為，這種恐怖經驗對伊利安所造成的傷害恐比失去生母更為嚴重。

自從去年十一月伊利安的母親攜帶他從古巴的卡登納斯港偷渡美國不幸遇到海難，只有伊利安獲救被帶到美國以後，古美兩國就展開了伊利安之爭。伊利安的父親仍居古巴，是法律上失去母親的伊利安的當然監護人，古巴有權代表法定監護人索還伊利安。然而早年為逃避共產政權投奔自由現居美國邁阿密的伊利安的親戚們以及流亡邁阿密的其他古巴人，都認為使伊利安留在美國才符合他的利益。如果伊利安是成人，自然可以由自己表達去留的意願，可惜他只是個六歲的幼童，懂得什麼是祖國，什麼是自由嗎？誰有權利代表伊利安發言呢？

這個問題的癥結乃在於國族與自由之間的矛盾。聚族而居本是人類古老而共同的經驗，因此國族一向成為各族群人民輸忠的對象。然而自從十八世紀法國大革命喊出了「自由、平等、博愛」的口號之後，兩百多年來人類為爭取自由表現了前仆後繼壯烈犧牲的精神。所謂「生命固可貴，愛情價更高，若為自由故，二者俱可拋！」為了自由，連愛情、生命都拋了，何況是國族呢！可見近代人已把自由的價值置於國族之上了。古巴人的背棄祖國，逃亡美國，正如二次大戰時逃離納粹政權的德國人與此後逃離其他共產政權的人民如出一轍，都是為了投奔自由！為了自由，只好背棄一己的國族，在近代的思維中也不能不算是一種理直氣壯的行為。

古巴基於國族情感，根據現行法律父親為當然監護人的立場，當然可以爭取伊利安返回祖國。美國的移民局遵照美國的法律，也承認只有伊利安的父親有權決定伊利安的去留。然而對流亡美國的古巴人而言，伊利安事件已經成為他們自我肯定的象徵。如果能夠留住伊利安，也就等於間接地打擊了他們曾經千方百計逃脫的卡斯楚的共產政權，這就是為什麼美國聯邦調查局的行動引起了邁阿密古裔居民的強烈反應，數以千計的古巴人聚集在邁阿密街頭示威、放火，使警察疲於奔命。諷刺的是，另一方面，古巴總統與四十萬古巴民眾於哈瓦那集會慶祝勝利，讚揚美國政府的正確行動，卡斯楚更激動地宣稱是「與美國對抗四十一年來唯一的休戰日。」

伊利安事件並未就此落幕。美國素以「自由、民主」國家自居，有長遠的給予他國人民政治庇護的傳統。伊利安在美國的親屬仍然堅持為伊利安「投奔自由」而上訴，靜候法院的判決。問題出在一個六歲的幼童有沒有能力在「國族」與「自由」之間做出適當的選擇呢？如果他沒有，誰能代他選擇？他的父親？還是流亡在美國的他的母系親屬？按照法律，失去母親的伊利安，父親是他第一順位的監護人，除非他父親利用在美國的機會全家請求政治庇護，否則伊利安留在美國的機會甚微了。已經成為古巴英雄的伊利安的父親，恐怕不見得有意願或膽量在美國請求政治庇護的吧！

「國族」與「自由」不但困擾著伊利安和古巴人，也困擾著很多地區的人民，包括我們在內。拋開重視國族認同的「統派」不談，不管「兩國論」抑或「台獨論」，最後的目的應該都是為了爭取台灣兩千三百萬居民的「民主」與「自由」。台灣有些主張獨立的人，不肯承認自己是「中國人」，可能只是出於個人策略性的認同問題，因為人盡皆知這不是歷史的或生理的事實。不承認「中國人」的身份，表示不願向尚未定義的「中國」輸誠，可以理解。但是，在不願與中國國族認同的同時，卻表示向另一同樣含有國族意識的「台灣」輸忠，豈不模糊了追求的真正目的？台灣的居民所需要的到底是「民主」與「自由」呢？還是台灣的「獨立」？這是必須弄清楚的一件事。因為「獨立」並不必然保證可以獲得「民主」與「自由」，而況更可能因獨立而失去已擁有的「民主」與「自由」。中國大陸和古巴難道不是獨立國嗎？他們的人民為什麼要背棄國族投奔自由呢？背棄一己的國族的確是十分痛苦的事，然而失去自由可能更加痛苦。這才是擺在今日台灣人民面前的難題。早期來台的閩粵移民的後裔以及光復後來台的各省人民，誰能否認中國是父祖之國的歷史事實？不幸的是如今在大陸上分明還沒有台灣已經擁有的「民主」與「自由」，使人不能不在「國族」與「自由」之間躊躇猶豫。沒有人願意我們未來的子孫，成為另一個哭泣的伊利安啊！

二〇〇〇年五月十一日

原載二〇〇〇年六月《文訊》第一七六期

陳瑞仁 v s 顧立雄

國務機要費一案終於偵查終結，以貪污、偽證及偽造文書等罪名起訴了總統夫人吳淑珍女士和前總統府副秘書長馬永成等人，同樣涉案的阿扁總統因有刑事豁免權暫時脫身（雖然阿扁總統似乎於二〇〇五年十二月十八日曾公開表示放棄刑事豁免權），一同涉案的陳家子女則為檢察官額外開恩而獲免。一向信誓旦旦只要太太曾收取SOGO禮券或被起訴就會立刻下臺的阿扁總統，這一回大概再沒有臉面賴在位子上了！

大家也都知道國務機要費只是貪污中的九牛一毛而已，正像立委邱毅所言只是前菜，並非正餐。薪資減半的障眼法原來是為掩護更大的不法利益！也許有人懷疑身為總統的人難道還缺錢用嗎？身為律師的人難道還知法犯法嗎？問出這樣問題的人就太不懂人性了。人性中的「貪」是非常根本、非常強烈的，為貪而身敗名裂的前例實在太多了，除非一個人根本沒有實現貪的機會或優勢。如果既有優勢，又有機會而不貪，大概只有少數的智者與聖人才做得到。

無獨有偶的是貪污的高官多發生在新進的民主國家，像韓國、菲律賓，還有台灣。為什麼？當然是因為制度的問題。西方的民主政治也非一日建成的，而是經過幾個世紀的摸索，才有今日歐美民主制度的成績。後進的民主國家制度未立，而權力突至，在權力產生腐化的前提下，焉能不突顯人性中的貪？再加上新進民主國家中的選民的民主教育不足，欠缺民主的經驗，又仍然難脫權力崇拜的舊轍，太容易威嚇，也太容易欺騙了，只要幾句硬話就被嚇住，幾句謊言就被矇騙了，再加上一批助紂為虐之徒的從旁助勢，於是貪污遂成為這些新進民主國家的常態。

這次令人意外的是一向深居綠營的檢察官陳瑞仁居然鼓起偌大的勇氣起訴了總統夫人。前幾天行政院長蘇貞昌和國安會秘書長邱義仁還在立法院放言說如果總統夫婦被起訴，總統就會辭職下臺，一般人均解讀為他們已經有把握阿扁總統和夫人都不會被起訴，甚至有人懷疑府院雙方都已經掌握了起訴書的內容。十一月三日的起訴書的公佈實在跌破了眾人的眼鏡。

如果說台灣高官的貪瀆行為造成台灣前途的一片黑暗，那麼陳瑞仁檢察官不畏強權的風骨至少使台灣的前途露出了一線曙光。司法獨立不受政治的干擾，本來是構成一個民主國家社會的必要條件，但在新進的民主國家中正是因為司法的無能獨立才會衍生種種的貪瀆問題。台灣的司法已經長久不為人民所信賴了，陳瑞仁檢察官的此一舉動毋寧贏回了一線人民對司法的信心，為台灣的司法獨立樹立了一塊界碑，自會成為未來檢查制度的典範！

陳瑞仁檢察官既是綠營的人，又是本省人，而且還是阿扁總統的同姓，他的公正裁決使其他民進黨的同志也無話可說。如果換了一個外省籍的檢察官，或跟藍營有些瓜葛的，那問題可就大了！相反的，為人稱作御用律師的顧立雄先生卻屬於外省族群。站在律師的職業立場，當然他可以為任何罪犯辯護，甚至明知嫌疑犯的罪證，仍然可以努力設法減其刑責。但是顧律師之所以願意受雇於權貴之家，一定也有其不為人知的原因。然而，在這次總統的貪瀆案中，攻防雙方的立場實在值得令人玩味，因其大謬於一般人站在族群立場上的認知。族群的分裂雖然至今仍是台灣社會的一個嚴苛的問題，但是陳瑞仁V‧S顧立雄的確樹立了一個超族群的先例。

二〇〇六年十一月六日

原刊二〇〇六年十一月二十二日《世界日報‧世界副刊》

我的第一個困惑

台灣人民的主體，河洛人、客家人以及一九四九年前後移民來台的各省人民，既然都來自中國大陸，或者是大陸移民的後裔，無論就血統或文化而論，是否也算是中國人？政治是一時的，但族群與文化的認同是永久的，即使歐美的華僑，雖已數代生活於斯邦，並不能擺脫其華裔的身份。何況，現在世界各國國家與族群並非統一，即使台灣有一天成為獨立的國家，有礙其人民為漢人、華人或中國人乎？

台灣的族群分裂確實令人憂心，每逢選舉這個問題就被短視的政客操弄起來，使單純的政治主張獨派及統派染上了族群的色彩，為選票而使台灣的居民一再忍受切膚之痛。

一九四九年前後來台的各省人，其實與早期來台的移民一樣都來自大陸，不論是河洛族群、客家族群或其他所謂的外省人，均屬漢人族系，只有原住民不同。但是現在矢口否認其為「中國人」身分的並非原住民，而係早期由大陸來台移民的後裔中的急獨一派。

其實「中國人」是一個歷史上的種族名詞，主要指的就是漢人，並非等同於中華人民共和國的公民，這在中華民國在台灣長久存在的事實早就證明了。中國人、華人、漢人，譯作英文都是Chinese，可見在語意上並無分別。為什麼今日台灣有人否認其中國人的身分呢？

二、一個中國或兩個中國

歸屬與認同

在台北市長競選的高潮中，李登輝總統喊出了「新台灣人」的口號，無形中助長了一向被視為「外省仔」的市長候選人馬英九的聲勢，最後馬英九果然以高票當選。這樣的口號，從前別的人也說過，並沒有人理會，一旦出自李總統之口，自然不同凡響，一時之間竟成為報章、電視等大眾傳媒眾口競喧的焦點話語。

政治口號，正如商業廣告詞，具有催眠的功效，它擊中的不是理性，而是人們的潛意識，或無意識。以理性的角度來分析，台灣的居民當然是「台灣人」，有什麼新舊之別呢？如今在「台灣人」之上加一個「新」字，可見過去的「舊台灣人」並沒有為所有的台灣居民所認同，或者說並非所有的台灣居民都被容許認同為「台灣人」。

就現代國族的意義而言，世界上幾乎沒有一個國家是由單一的族群組成的，幾乎所有的國家均含有多個種族，而同一個族群也經常分屬不同的國家。特別是原來被殖民過的國家，像美國、加拿大等，其國民的來源尤其複雜，有來自歐洲的，也有來自非洲和亞洲的，一旦取得該國的國籍，便享有一般的權利，應盡一樣的義務，殊無新舊美國人或新舊加拿大人之分。即使剛剛入籍的外國人，只要經過宣誓「認同」該國的憲法，效忠該國的利益，就自然被接受為該國的國民，其應享的權利與應盡的義務，並不因為他入籍的時間短暫而打折扣。因此「認同」成為入籍的必要且充分的條件。但是認同並不代表「歸屬」。歸屬是一種更深刻的感受，可以說來自遺傳及集體的無意識，常常超出於理性的控馭。譬如流落在各國的猶太人，他們可以認同所在國的憲法，效忠所在國的政府，但是他們仍然不由自主地歸屬猶太族與猶太教，也只有在猶太人的圈子裡他們才有所謂的「歸屬感」。歸屬的是種族與文化，認同的是國籍以及法定的社會的或政治的組織。一個公民之加入某一政黨，也正是由於他認同該黨的政治理念與黨章，但是他並不必要歸屬於該黨，同一個家族的成員參與不同政黨的在所多有，正如同一個種族可以歸化為不同國家的國民。

「中國」做為具有國族的意識標幟，應該是秦始皇統一以後的事。漢族的逐漸形成，當然也是漢朝以後的事。所以伯夷與叔齊的不食周粟，既是認同，又是歸屬的問題。漢以後的改朝換代，除非是異族入主，則只會引生認同的危機，不算歸屬的斷裂。帝國的名稱無論怎麼變更，都改變不了中國的居民歸屬於漢族與中華文化的感受。但是，由於五胡的入侵，特別是清代以後，問題變複雜了。清朝以滿族入主中國，除了漢族外，也征服了蒙、藏及其他少數民族。中華民國繼承了這樣的歷史包袱，所以一度大倡五族共和，而且曾經用過代表五族的五色國旗。中共也是一樣，五星旗中的五顆星星所代表的也是五個主要的種族。因此，不論是中華民國，還是中華人民共和國，基本上都是一個多種族的國家，雖與現代的殖民國家如美、加者的形成不同，其結果卻是一樣的，都只能只講國籍，不分別族群，也不會或不應對少數族群加以歧視。

然而中國漢族的鄉土觀念卻自古有之，籍貫成為個人的一種重要標誌，古人且常以籍貫作為尊稱，如賈長沙、范襄陽者，可見籍貫對人的重要了。過度的鄉土觀念，對帝國的統治與團結總不是件好事，歷代王朝有鑑於此，為了消除可能的山頭主義，也曾精心策畫出一套異地為官的政策，常使為官者流落他鄉。災荒、戰亂又時或有之，造成許多不情願的遷徙。降至民國，由於交通日漸便捷，加以戰亂頻仍，人民情願與不情願的播遷更加頻繁，寄籍不同於祖籍者日增，遂漸生四海之內皆兄弟的感受。雖各大城市仍多同鄉會或各省會館的組織，同鄉的情誼卻日漸淡薄，人們的交友或婚媾也鮮受到鄉情的侷限。民國以來的教育又特別強調國族意識，遂漸使大中國主義遠遠凌越了地域觀念。

以上描述的是民國三十八年前後播遷來台的外省族群的心態。至於本省族群，雖也有河洛、客家、原住民之分，但他們首先承受了被滿清割棄的悲情，繼而又忍受過五十年日本的殖民統治，基本上與中國大陸斷絕來往，除了台灣以外，又能歸屬何處？在認同上他們卻習於隨機應變，或滿清政府，或日本政府，或國民政府，因時而異，不得不隨遇而安。即使沒有二二八事件的干擾，本省族群與外省族群雖同在認同中華民國的前提下，他們的歸屬感是不同的。這話主要指的是上一代的本省人士。至於光復以後出生的一代，因為同樣接受過所謂的「愛國教育」，他們所愛的國並不是「台灣共和國」，而是「中華民國」，他們的歸屬感應該跟上一代多少有所差別。就組成一個現代國家而言，歸屬其實並不重要，重要的是理性的認同。不管歸屬於何種族群的居民，只要共同認同一個憲法、一個政府，他們就可以和諧相處在同一個政治組織之內。以此理推之，如果台灣是一個政治實體，只要認同這個政治實體的理念和法制，不管他是「新台灣人」、「舊台灣人」，還是「非台灣人」（自我歸屬為外省者）都可成為其組成的一員。那麼所謂的「新台灣人」又有什麼意義呢？嚴格地說恐怕只有兩種意義：一是確定出生於台灣的外省第二代（不論他們的父母之一是否本省籍）的歸屬，如果他們依然照往例在籍貫上填寫的是其他省份，因而對自己的歸屬有所猶豫的話；二是作為一種競選的口號，用以打動本土情懷的潛意識。此外，對公民的權利與義務並沒有更新的意義。

民進黨所以厭惡「中華民國」的國號，也正是緣於日據時代延續而來的悲情，使他們感覺歸屬與認同的不統一。如果把國號改做「台灣共和國」，就既可認同，又有歸屬了。相對地，對外省族群而言，非要誓死捍衛「中華民國」的國號不可，因為這個國號關乎著他們的認同與歸屬，若一旦改為「台灣共和國」，他們的歸屬感就失落了。

「新台灣人」、「舊台灣人」以及「非台灣人」，倘若你們一旦省悟，組織一個現代的生命共同體，重要的是良好的制度（譬如民主與自由）與人民的福祉（譬如發達的經濟與健全的環保與社會福利），歸屬是不重要的。只要大家都認同民主與自由的理念和為民造福的經社政治制度，河洛族群、客家族群、原住民各族群和外省族群，沒有理由不能和諧地生活在任何一種國號之下。

一九九九年一月八日

原載一九九九年年二月《文訊》第一六〇期

「一個中國」與地方自治

五月二十日中華民國第十屆總統就職大典隆重地在總統府舉行了。過去雖然曾有過政權和平轉移的先例，譬如說嚴家淦總統交給蔣經國總統的那次。不過大家都心知肚明，那次……唉，嚴總統扮演的是個什麼樣的腳色！這次真的很不一樣，不但政權和平地從一個人的手裡轉移到另一個人的手裡，而且是從一個政黨的手裡轉移到另一個政黨的手裡，缺少這一步，所謂的民主政治可能仍然徒具虛名！當我看到卸任的李總統在新任的陳總統的陪同下步出總統府大門含笑說「再見」的時候，內心實在非常感動，因為這笑容代表了多少努力、多少奮鬥、多少機運；如果不幸的話，為了政權的更替，就仍然難免陰謀詭詐、流血鬥爭，以致人頭落地！如此民主的光輝，才是令大陸舉國上下（包括中共的領導階層在內）艷羨的勝景！大陸想要走到這一步，怕還要一段遙遠的路程。如果等待大陸上實行了台灣式的民主選舉，再來談統一，實在是遙遙無期。但倘若大陸上一點民主的影子也沒有，統一又從何談起？

台灣人民真正感到驕傲的是本土的佃農之子，在歷史上第一次經過選票躋升到如此的高位。多年來主張台獨的人夢寐以求的目的，沒有經過慘烈的革命手段或武裝鬥爭，居然如此輕易地如願以償，難怪陳水扁不再高呼「台獨」，而一向為台灣獨立而奮鬥的建國黨立刻宣佈解散！

可是看在中共的眼裡，並不完全放心。一向主張台灣獨立的人，能夠在一日之間革心改面嗎？如果新當選的總統及新組成的政府不承認「一個中國」，甚至不承認自己是「中國人」，那麼台灣不是等於變相的獨立了嗎？陳水扁總統選擇一向反台獨的外省籍的唐飛擔任閣揆，可說是用心良苦。可是一個唐飛，再加上幾個原來具有國民黨籍的部長是不是就足以延續國民黨多年苦心經營的「中國意識」呢？中共依然抱持懷疑的態度。除了宣稱「聽其言，觀其行」之外，並且在原來動武的兩條件（台灣宣佈獨立，或有外力干預）上，再加一條「故意拖延統一的時間」。這清楚地說明了中共的擔心。擔心什麼？擔心「以維持現狀之名，行獨立之實」！

如果獨立不需要付出慘痛的代價，何樂而不為？一旦考慮到台灣兩千三百萬人民的身家性命與生存的福祉，任何沒有結果的犧牲都顯得十分愚蠢。對岸不是一個普通的敵人，而是一個握有「武力」與「權力」的敵人。正如新任國防部長伍世文所言，中共是有牙齒的老虎，不是紙老虎，且莫估計錯誤！武力之外，他的「權力」在於自認站在民族大義的一邊，代表十三億中國人民保衛中國領土的完整。不只十三億，還要加上在台灣反台獨的人民。因此縱然在台灣統派是少數，獨派卻也不是多數，若與大陸上的人口一比，那就更加微不足道了。將來不論是談判，還是不談判，所遭遇的都是這樣一個棘手的問題。

若按人口的多寡、土地的大小而論，台灣足夠獨立的條件。不單台灣夠，台北也夠，摩納哥、新加坡不都是一城的獨立國嗎？不幸，人口多寡或土地大小都不是獨立的充足條件。如果台北想脫離台灣而獨立，怎能只由台北的居民來決定，而不顧台灣的歷史沿革與台灣全體人民的意願？同理，台灣欲獨立，一樣不能不顧中國的歷史沿革與中國全體人民的意願。因此與中共談判，不論獨立或統一，無論如何閃避不了「中國」這一個門檻。

中共堅持「一個中國」，本來應該是不成問題的問題，因為中華民國不但指的就是中國而非其他，而且一向以中國的合法代表自居。在退出聯合國之後，雖然有一段尷尬的自我定位的時期，但後來仍然決定自稱「中華民國在台灣」，而非台灣共和國。台灣的居民在成長的過程中不是都有過以「我們中國」、「我們中國人」自詡嗎？為什麼現在連自己「中國人」的身份都不敢承認了呢？詩人席慕蓉每每自我介紹說：「我是蒙古人，我的父母都是蒙古人。」她那種不忘本源的心懷令人欽佩。我們的父母先祖都是中國人，我們從小的教育也告訴我們是中國人，為什麼不敢說自己是中國人？難道愚蠢到把「中國」與「中共」等同起來嗎？「台灣人」與「中國人」並非互相排斥的兩個頭銜，正如「台北人」和「台灣人」可以共存一樣。血緣的、歷史的、文化的中國絕對是屬於我們的，也是中華民國所以稱作「中華民國」的立國基礎，有什麼理由放棄或推給他人呢？那麼中共提出「一個中國」做為雙方談判或交往的出發點，既沒有違反中華民國的原則和歷史，更沒有違背台灣人民的愛國情操。我們要求的不過是站在對等的地位進行談判而已，中國大陸與台灣都是地理上中國的一部分，而非完整的中國，一個真正完整的中國猶待未來。不要模糊了問題的焦點！

中共不能坐視台灣獨立，除了堅持「領土完整」的原則而外，也有其實際的苦衷，更為棘手的「疆獨」與「藏獨」正在虎視眈眈地看著「台獨」的榜樣。新疆和西藏的居民根本就是另一個民族、另一種文化、另一種語言，比起台灣來更有脫離漢族「中國」獨立的理由。如果中共容忍台灣走向獨立的道路，如何安撫新疆和西藏的人民呢？這就是中共不能不傾全力來壓服台灣獨立運動的清楚而明白的道理。如果中共政權仍然像清末的皇室一樣孱弱，不要說台灣，西藏和新疆早就揭竿而起了。現在達賴喇嘛宣稱不尋求獨立，只希望西藏自治，豈不也是一種不得不向現實低頭的求全之計？贏得自治，其實就是維持現狀的一種最好的方策。

自治，在中國的歷史上十分罕見。自從秦始皇帝改封建為郡縣以來，歷代的皇室都懂得如何防止各地豪族自立山頭，因此嚴格規定不能在本土出仕，常例是北人南放，南人北放。清人入關後仍然沿用此一制度。民國後提倡地方自治，才偶然有在本土出仕的例子；事實上在中央權力不及之處，早已山頭林立了。到了中共當政，為了消滅山頭，仍援舊例，各省重要的主政者，多半都是外地人。但是對縣級以下的幹部則無能為力。名義上也提倡自治，為了安撫漢族以外的少數民族，先後成立了西藏、新疆維吾爾、內蒙古、寧夏回族、廣西壯族等自治區，但是真正掌握自治區權力的仍是由中央派遣而來的政委，本地人只能做傀儡而已，否則無庸達賴喇嘛一再要求自治了。然而中共既有地方自治之名，六〇年代推行人民公社的時期，毛澤東也的確曾有過人民自治的構想，那麼容許各地人民擁有一定的自治權也就不會十分違反中共的理想。一九七〇年文革期間，我曾在香港發表過一系列針對中共政權的議論（諸如〈論工人階級與知識份子〉、〈政權與黨權〉、〈關於中國統一問題〉、〈中國民主政制的前途〉、〈民主政治的理想與現實〉等），其中有一篇〈中國省聯政府的構想〉（原發表在一九七〇年四月香港政論雜誌《展望》第一九六期，後收入一九八八年圓神出版社出版拙作《中國民主政制的前途——解開統獨的死結》一書，頁二三九——二五一），即從「中央集權政府的流弊」與「世界的民主潮流」著眼，提出「省聯政府」的構想。如今又有人提出「邦聯政府」，雖只有一字之差，卻謬以千里。「省」本為中國舊有的中央集權制之下的行政區分，如「郡」、「縣」、「州」、「省」等。「邦」卻含有獨立自主之意，如「大英聯邦帝國」（the United Kingdom）、「美利堅聯邦共和國」（the United States of North America）。每一邦（state）本來都是可以獨立的單位，聯合起來組成一個「聯邦」。這樣的概念如何能讓一個歷史悠久的中央集權政府接受呢？中共永遠不會為了台灣特殊的地位而視其轄下的各省為「邦」，「邦聯」自不可行。如今台灣連省也廢了，用意顯然是不願以中國的一省自居。不是一省，總不外是一個「地區」吧！如果以「區聯」進行談判呢？倘使中共真正把「統一」看得十分重要，為了達到最高的目的，也不能不做努力，或不能毫不讓步。倘若有所進展，有組成聯合政府的可能，台灣領導在中央政府佔有一定的名額，各地區保有充分的自治權利，這樣台灣不但可以維持現狀，而且去除了獨立的疑慮，同時也算幫助大陸政權向民主政治邁進了一大步。

二〇〇〇年六月十三日

原載二〇〇〇年七月《文訊》第一七七期

手段與目的

大家都明瞭手段與目的何者重要。為了達到目的，自然需要採取最有效的手段，但是不能不擇手段，因為所採取的手段常常會影響到所欲達到的目的。台灣目前政治目的為何，並不清楚。獨派的政治目的為「台灣獨立」，統派的政治目的為「與中國大陸統一」。但是有更多的人寧願維持現狀，也就是說沒有把「獨立」或「統一」看做是目的。在這大多數的人的眼中，人民的福祉才是目的，不管是獨立，還是統一，都毋寧只是一種手段而已，並沒有絕對堅持的道理。

原來主張台灣獨立的陳總統，自上任以來特意表現出柔軟的身段，不再公開高唱台灣獨立，的確贏得了不少掌聲，似乎也漸漸使大多數主張「維持現狀」的人民放下心來；只有海峽對岸一直不假以辭色。我們看到幾乎每天陳總統都刻意釋放出一些善意，為什麼中共竟然體會不到其中的含意而稍做回應？看來是對方尚不明瞭陳總統的誠意。由於過去長久的紀錄，不但是中共，就是台灣的人民也被陳總統的表演弄得一頭霧水。既然過去曾經高唱「台獨萬萬歲」，今日又改口喊「中華民國萬歲」，到底對陳總統而言，「台灣獨立」是目的還是手段呢？我們在下一次投票之前，的確應該知道陳總統心中的真正意圖。荀子曾經說過：「王者之制名，名定而實辨，道行而志通，則慎率民而一焉。」如果想要道行志通，率民而一，首先得要名定而實辨，名實相符，也就是應該使選民清楚瞭解陳總統的政治目的是台灣人民的福祉，還是台灣的獨立？以及在陳總統的心目中，獨立是達到人民福祉的最有效的手段，還是可以替代的手段？如果陳總統今日不再主張台灣獨立，也應對人民說清楚。

如果這次大選是另一位候選人當選，中共可能不致有如此嚴重的疑慮。卸任的美國外交官白樂崎在《自由時報》的專欄中說：「沒有任何一位中國領袖在『失掉台灣』後還保得住政權。」足見台灣獨立對中共領導人的威脅之重。這樣的疑慮自然也會釀成戰爭的陰影籠罩在台灣居民的心頭，對台灣的居民同樣有嚴重的威脅感。最近股市的重挫，財政部長許嘉棟就逕直認為是出於政治因素，可見投資人心中也開始打鼓了。韓非子曾言國之「危道」有六，其中兩項是「利人之所害」與「樂人之所禍」。中共最怕的就是「失掉台灣」，因為一旦失掉台灣，不獨當政者政權不保，而且自認會成為千古罪人。設若我們一味以人之「禍害」為「樂利」，不走上「危道」也就戛戛乎其難了！

「危道」指的就是戰爭。為了阻止台灣走上獨立的道路，中共一再宣稱不惜一戰的決心，這不只是恫嚇，也是警告。也許有的人並不怕戰爭，五十歲以下的人真的未曾經過任何戰爭，不知戰爭的可怕。可是我們這些在戰爭中度過童年和少年時代的人，明瞭戰爭正像燎原之火，一旦點燃，就不可收拾，因此不能不對戰爭談虎色變。陳總統在陸軍官校演講時宣稱「境外決戰」的理念，意思是說我們可以在海峽作戰，或者把戰場遠推到大陸，不會影響到台灣本土。倘若戰爭的主導權握在我們手中，的確可以如此做。不幸的是現在我們的對手是土地兩百七十倍，人口六十倍於我們的大陸，一旦發生戰爭，主導權並非在我。台灣距大陸如此之近，又無內陸的縱深以供必要時撤退，只需幾顆飛彈摧毀我們的戰略基地及經濟命脈，我們就難以承受了，何能「境外」之有？

「三通」本來是海峽彼岸提出來的，現在我們表示了高度配合的意願，中共反倒不急了。沒有三通，台商照樣可以迂迴地向大陸投資設廠，而且投資的金額越來越大。現在中共不但不急於三通，而且不肯進行任何形式的談判與接觸，關鍵似乎卡在「一個中國」的原則問題上。為什麼中共如此堅持所謂的「一個中國」？顯然是對陳總統的台獨傾向不予信任。如今陳總統說「一個中國，各自表述」可以接受；但「一個中國的原則」不能接受。奇怪的是在「一個中國，各自表述」中的「一個中國」，難道不是「原則」嗎？陳總統說「我們不能接受是中華人民共和國的一部分」。可是「一個中國」從來就不是指「中華人民共和國」，在中華人民共和國存在以前就有「中國」，將來在中華人民共和國以後，也仍會有「中國」，不是很顯然的道理嗎？所以中共才認為台灣方面故意歪曲九二年兩岸的共識，意圖在「各自表述」的名義下，「塞進分裂的主張」。如果沒有發生過「兩國論」，可能中共不致有這樣的疑慮，現在既然有

「兩個中國」的言論在前，自然令其懷疑「各自表述」的內容何所指了。如此繼續糾纏下去，雙方都不免流於口舌之辯，只會一再拖延談判的時間，對誰都沒有實質的利益。汪道涵也不再有任何訪台的計畫或日程，進行談判看來是遙遙無期了。在雙方限於泥淖的情形下，陳總統似乎寄望於體制外的具有較廣代表性的所謂「跨黨派小組」來解套。不幸的是國民黨和親民黨都宣稱不會參加，使未來的「跨黨派小組」還有多少代表性呢？再加上擔任跨黨派小組召集人的李遠哲先生已被中共視為擁陳的台獨人士，是否比陳總統本人更易於被接納，也是問題。

此外，有人也習慣性地仰賴美國的協助，如果說依靠美國的保護已經無望的話，例如通過美國建立兩岸溝通的第二管道。我相信有不少過氣的或尚未過氣的美國政客都有興趣扮演打通第二或第三管道的角色，困難是美國政府絕沒有插手的意願。由於過去調停國共之爭的歷史經驗，沒有一次不是弄得灰頭土臉，結果無不是助長了共方的氣焰，如今怎肯輕易地重蹈覆轍？再加上越戰後的檢討，美國白白犧牲了幾十萬青年的生命，並沒能阻止共黨赤化越南，現在要與比越共強大百倍的中共為敵，會有什麼後果呢？美國自有衡量情勢的智者。而中共的一方，既然堅持兩岸問題屬於「國內」事務，也絕不會容外人插手。

總之，不管陳總統上任以來所表現的身段有多麼柔軟，或釋放了多少的善意，至今並未承認自己是「中國人」（雖然「陳」字明明是中國姓氏），也未承認「中華民國」就是「中國」，難怪沒有人真正知道陳總統的內心世界，更不瞭解陳總統的政治目的何在。站在中共的立場，與其與一位可疑的對手談判，不如等待另一次機會。中共對香港都願意維持五十年不變，難道沒有耐心等待四年嗎？四年以後如果換一位沒有台獨紀錄的人，談判起來總比較放心。倘若四年以後仍然是陳總統連任，那時候再來應付也不遲。陳總統於四年後是否能夠繼續連任，恐怕也要看與海峽對岸的關係進展如何。一旦陳總統上任後的利多釋盡，與海峽對岸的關係毫無進展，兩岸緊張的情況卻日益加深，四年後便難免給予競爭的對手攻擊的口實，那麼對追求連任就不多麼樂觀了。

二〇〇〇年七月四日

原載二〇〇〇年八月《文訊》第一七八期

國內與國際的分際令人困擾

海峽兩岸的談判遙遙無期，據說是僵在大陸對「一個中國」的堅持上。我們的政府貌似不認同此一原則，但實際上真反對「一個中國」的原則嗎？這問題一旦落在政府的施政上，則難免令人莫測高深。

我們知道，在進行政治談判之前，首先增進雙方的瞭解，是必要的步驟。增進雙方瞭解，最重要、最實際的方法，就是加強雙方的交流，包括經貿交流、文化學屬交流、觀光旅遊交流種種。這些交流，自然指的是民間的，而非官方的。近年來政府要員所發表的言論或聲明，似乎也給人一種鼓勵海峽兩岸民間交流的印象，以俾為將來的談判與三通預作準備。

過去大學教授出國參加國際學術會議，國科會或教育部都會補助往返的旅費，以示鼓勵。我個人也曾受益。然而今年到南京參加南京大學主辦的「中國現代文學傳統國際學術研討會」，通過執教的大學向國科會及教育部申請旅費補助，據我的大學轉述，所得到的答覆竟是：「中國大陸不算國際，礙難補助。」奇怪的是回歸中國後的香港仍算國際，可以補助參加學術會議的旅費，不認同「一個中國」原則下的我們的政府竟又認為大陸非國外，而拒絕補助！這樣的邏輯思維，令人難解！如果只是針對個案，尚無關緊要，特別是在天災連連的當今，省一些這類的開支用在救災上，也是應該的。但是如果是基於一般的政策，凡到大陸參加國際學術會議，一概認為「非國際」，而不予補助；對兩岸的學術交流也不加鼓勵，則很值得相關決策者細加思量。

海峽兩岸阻絕半個世紀之後，雙方各自發展出種種習慣上、語言上、思維上的差異，如不經適當的溝通與交流，雙方都不易驟然瞭解彼此的想法，進而可能產生種種不必要的誤解。這種情況在學術上，更加顯而易見。大陸的學者都曾經過馬克思思想的訓練和陶冶，而我們台灣的學者則否，因而在思路上難免有南轅北轍的現象。要達到彼此瞭解，非得經過多方交談，甚至辯論，不足以為功。海峽兩案的學術研討會邀請對方的學者參與，不論在未來「談判」的前提下，還是在「三通」的前提下，都是不可避免而具有急迫性的大事。教育部或國科會怎能對此視而不見呢？

不管大陸算不算「國際」，鑑於未來不可避免的密切交往，文化學術交流應該受到政府的鼓勵，而非不聞不問！

原刊二〇〇一年八月二十日《自由時報・副刊》

去中國化所為何來？

台灣的當政者一天到晚處心極慮地呼喊「去中國化」，到底用意何在，委實令人費解。台灣的族群，不論是河洛族群、客家族群或其他所謂的外省族群，都來自中國大陸，都有漢人的姓氏，說的都是漢語（不論是何種漢族的方言），也都成長在中國的文化氛圍中，只有從一八九五到一九四五短短的五十年受到日本人的統治和日本文化的影響。難道這五十年的影響硬是強過血胤，強過族群的認同，強過固有文化，而使這些人自甘流為數典忘祖的不肖子孫？

中國不等同於中共，這是盡人皆知的事。如果「去中國化」指的是「去中共化」，中共的重要事蹟例如三反、五反、人民公社、大煉鋼鐵、毛式的階級鬥爭和大飢饉、文化大革命、六四天安門事件等等，台灣一樣也沒有，有何可去的呢？

如果說「去中國化」為的是追求獨立的國格，更不成為理由。新加坡是獨立的國家，並不需要去中國化；美國是獨立的國家，並不需要去英國化；加拿大是獨立的國家，不但不需要去英國化，而且因為團結魁北克人民還要加強法國化，又因為多種族的關係，還要提倡各族群的文化。有哪個國家因為追求獨立需要拋棄自己固有的文化呢？

只有台灣如此獨特，不但要去中國化，還要仇視中國（而非中共），辱罵具有中國意識的人為「中國豬」，不惜連自己的祖先也罵進去，這種心理實在是太奇特，太扭曲，太病態了！

然而，不管對中國多麼疾恨，在台灣有關中國的種種文化遺產能夠去得了嗎？能夠使台灣的居民不再說國語、閩南語和客家語嗎？或者像哈日族所希望的大家都來說日語嗎？能夠像游錫堃任行政院長時所盼望的那樣大家都來說英語嗎？能夠使台灣的居民不再信仰佛教、道教、一貫道、媽祖、關帝以及所有從中國而來的各種神明嗎？能夠不再慶祝新年、端午、中秋等中國的節日嗎？能夠拋棄掉所有中國的姓氏大家改姓黑澤、小泉、安倍，或是史密斯、布希、柯林頓嗎？連韓國和日本都不能去中國化，何況是台灣！世居宜蘭的鄉土作家黃春明說得好：身體裡流的是中國人的血，又如何「去」呢？

台灣不同族群（除原住民外）之間的共同背景正是大家都是炎黃的子孫，身體裡都流著中國人的血，如果否認或漠視這一點，族群與族群之間還有什麼關係？台灣的前途繫於族群間的團結和諧，還是分裂鬥爭？不是很清楚嗎？略有遠見的當政者怎會看不出來？

然而，這些年台灣的當政者卻不顧民生疾苦，不管經濟發展，無視社會的和諧，花了偌大的精力和金錢來推行「去中國化」，到底有何成效？到底目的何在？實在令人困惑不解。

如果台灣真正有一天徹底實現了「去中國化」，台灣所有的居民都不再有中國的姓氏，而改姓黑澤、小泉、安倍或史密斯、布希、柯林頓，名子也換成一郎、二郎、約翰、瑪莉，大家都說英語或日語，沒人再信仰佛教、道教、媽祖和關帝，而改信天主、基督或武士道，沒人再過農曆新年、端午、中秋，只有復活、萬聖、耶誕、櫻花等節日，那台灣還是台灣嗎？主張「去中國化」的人士真正盼望有一天實現這樣的情景嗎？

二〇〇六年十一月二日

原刊二〇〇六年十二月二十日《世界日報・世界副刊》

我的第二個困惑

中華民國建立於中國大陸，後來偏安於台灣，過去一直以「中國」的正統自居，如今並未經過革命或改朝換代，是否所代表的仍是「中國」？或所指涉的時空內涵仍是「中國」？如非「中國」，那麼「中華民國」指的又是何國？「中國」一詞，除指涉國號外，同時也是一個歷史與地理的名詞，在「中華人民共和國」成立以前已有「中國」，將來如果又發生改朝換代，「中國」仍然存在的。

其實兩個「中國」也可以說得通的，不但在中國的歷史上境內曾經有分裂成數國或十數國的現象，在世界其他國家也是一樣，德國曾經分為東德與西德，韓國目前仍分為南韓與北韓。問題出在中共堅持「一個中國」政策，而世界其他國家也多半支持「一個中國」的政策。台灣能否贏得其他國家對待台灣如對待東西德與南北韓一樣的態度，則是個實力的問題。台灣即使追求獨立，與更改國號有必然的關係嗎？

提倡「去中國化」的政治人物到底居心何在？是我最大的困惑。我不知道這些人有沒有認真思考過這個問題？第一，台灣的語言、信仰、風俗習慣，甚至血管裡邊流的血液，無不都是

「中國的」，如何去得了？即使硬行表面上改變了，變成另一個日本，或另一個美國，真就是這些人所希望的嗎？

三、日本情結

哈日或仇日——談華人的日本情結

去年九月份《文訊》雜誌刊出「日本及日本文學」專題，執筆為文的不是日本通，就是研究日本文學的專家學者，拜讀之餘，獲益匪淺。

日本是我們的近鄰，加上對台灣殖民統治長達五十年之久，在侵華戰爭中佔領中國大陸地區少則八年（如淪陷的華北、華中等地），多則十數年（如東北），要說華人對日本人沒有特殊的心理情結，是不太可能的。華人對日本人所懷有的情結又常常呈現兩極化的趨向：哈日或仇日。文訊專題中所刊出的文章，除了林水福先生自認對日本人有「偏見」外，其他的文章或多或少地都在「哈日」；莊伯和先生更自稱為「資深的哈日族」。今日台灣年輕的一代哈日成風，日本的青少年流行染髮，台灣街頭也立刻充滿了五光十彩的年輕的頭顱；日本人養電子雞，我們的青少年也一度流行養電子雞；日本人熱中凱蒂貓，我們的同胞（老少皆有）也從清晨四點在麥當勞門前大排長龍。日本的漫畫書充斥著大大小小的租書店，日本的卡通動畫、綜藝節目和連續劇佔據了我們電視台的大多時段，走在台北的西門町常常錯以為到了日本。日本的歌星V6來台，更不知瘋狂了多少青少男女。在如此熱中哈日的氛圍中，有沒有人仇日呢？

當然也有，而且為數不少。大凡受到日本人直接或間接凌辱過的人，例如日本侵華戰爭中抗日軍人及其後裔、台灣抗日者的後裔、被日本屠戮的漢人及原住民的後裔等等，潛意識中多少都有些仇日的情緒。

日本不愧是個擅長模仿的民族，擅於把外來的文物本土化、精緻化，其纖巧與細膩之處突顯出特有的美感。過去模仿中國，至今保留了中國建築的古樸之美，再加以纖巧化，使人到了京都就像進入一個微型的隨唐時代。日本人也承襲了中國的儒學與禪宗，其他日常藝事諸如服飾、陶瓷、花道、茶道、圍棋等，也無不來自中國，但是到了日本人手裡便變得更加精緻。金閣寺足以代表日本人的美學觀，精巧而耀目，就是使人覺得太過單薄。等到對中國已無可學之後，立刻轉向西方，而且對西方的學習立竿見影，無論軍事、醫學、科技、製造業中的科學儀器、交通工具、光學器材、家電、電腦等，都能推陳出新，甚至有時超越其模仿的原型。日本的現代文學及電影也是襲取西方的形神而來，但能獨樹一格，大放光彩。大和民族這種模仿才能，在世界上可說首屈一指，倘無此能耐，今日的日本不過另一個爪哇而已。

日本雖然不再模仿中國，日本的現代化卻是靠了中國的資金而成功。許介鱗的《戰後台灣史記》中記載：「一八九五年馬關條約的賠款為二億三千萬兩，約合當時日幣三億六千萬元。日本政府在一八九四年開戰時的年度預算為九千一百一十四萬三千一百三十八元，故日本從中國獲得的賠款為當時日本歲收的四倍。日本『殖產興業』工業化的資金，就是如此來自中國。」如沒有中國提共的巨額資金，日本能順利地現代化嗎？但是日本人絕不會因此而感激，反倒掀起更大規模的侵華戰爭。

日本人骨子裡雖然甚為傲慢，外表似乎比中國人更注重禮儀，連計程車司機都服裝整齊，一律戴著白色手套，當然不會有穿拖鞋開車的事情。但是戴著白手套的計程車司機並無礙其蒙騙外國乘客，也會故意繞圈子。別忘了日本的犯罪率（包括偷竊和殺人）並不下於他國，留法的日本學生曾在殺害女友後加以烹食，最近報載日本婦人為了嫉妒鄰兒進入較好的學校，不惜殘害小小的羸弱軀體。此等兇殘行為，又不禁使人聯想起南京大屠殺和日本軍醫冷血地把中國兒童騙上手術台加以活體解剖的鏡頭來（參閱一九八八年台北妙趣出版社出版的圖文並茂的《黑太陽731——日軍細菌部隊人類活體實驗真相》一書）。日本人的兇暴對自己也毫不含糊，切腹就是日本人獨特的自殺方式。到底是日本人本性特別殘忍，還是不過來自人性中的共同的陰暗，倒是個值得深思的問題。

在台灣受過日本教育的人，像我的中學及大學同學，對日本多少都懷有些好感，原因是日本殖民時代社會有秩序，治安良好，官吏貪污現象也沒有當代台灣那麼嚴重。他們常常成為哈日的第一代。到了今日第二及第三代哈日族，既未見過日本人殖民的嘴臉，更未經驗過日軍的殘暴，自幼深受日本漫畫及卡通的薰染，自然容易墮入日式價值觀的陷阱。今日在日本漫畫和卡通影響下成長的青少年，跟上一代及上上一代的青少年的確大為不同，其暴力傾向有目共睹，不幸的是哈日及仇日的家長們，對此一現象均尚未加以應有的關注。

日本對台灣的重要性自不待言，可惜哈日者僅見其長，仇日者唯見其短，崇拜與仇恨都難以使情緒冷靜。客觀地評價日本，恐怕是對日本懷有特殊心理情結的中國人不易做到的事。

原刊二〇〇一年一月二十九日《自由時報・副刊》

小林善紀的憤怒

小林善紀的一本漫畫書《台灣論》近來在台灣掀起了軒然大波，有人認為該書對台灣具有善意，有人卻直斥小林站在殖民者的立場扭曲了台灣歷史、污衊了台灣的尊嚴。特別是日本在侵略戰爭中強徵的所謂「慰安婦」被說成「自願奉獻」，而且還有「出人頭地」的感受，令這些遭難的台灣老阿嬤心中十分委屈。又說台灣原住民與日人並非處於敵對狀態，使那些因抗日而犧牲的原住民的後裔情何以堪？這本漫畫的立意無非是企圖取悅一般沒有頭腦的日本群眾，好像在說：「看啊！我們統治過的人民不但沒有懷恨我們，而且還十分懷念著我們呢！」其中所表現的這種意識型態，可說使哈日的人心癢，使仇日的人牙痛。其實較嚴重的是正當台灣各族群盡力撫平歧見、追求和諧的時刻，小林卻有意無意地在挑撥省籍的情結。以一個外邦人在人家傷口上灑鹽，總不是件厚道的事。內政部鑑於民怨難抑，宣布小林為不受歡迎的人物。不過加了個但書，將來是否歡迎，端視小林的反應與態度而定，似乎是期望小林從善如流，對台灣的老阿嬤及原住民說幾句慰安的話。不想小林的反應非常迅速，大出一般人的預料，表現得十分憤怒，聲言「對台灣的『單戀』破碎了，發現台灣不是個民主的國家，也不是個言論自由的地方」，並且威脅說「他相信許多日本人聽到這件事後對台灣的態度將會完全改變」，他自己將來也會把這件事「在漫畫中清楚地反映出來」。

小林當然有憤怒的自由，但是他忘了一件事：歷史的罪孽！

二次大戰時，德國人對猶太人犯了大罪，至今德國人對猶太人發言非常謹慎，只有猶太人大罵德國人，德國人從不敢還嘴。是否德國人天生的忍讓？非也！只不過心中仍然懷著對父祖罪行的歉疚而已。英國是另一個例子：每星期日在倫敦海德公園（Hyde Park）的Speakers' Corner都有一批印度人、巴基斯坦人以及非洲黑人放言嘲諷、辱罵英國和英國人。這現象使外來的遊客非常好奇，第一個反應是：英國人真是寬宏大量，竟容許這些外來者污辱自己！第二個反應是：英國真是個言論自由的民主國家啊！其實，在很多民主國家中都並不容許外人來污辱自己。如果你膽敢在巴黎街頭大罵法國人，或在華盛頓街頭大罵美國人，看看後果如何吧？不用動用公權力，恐怕早被街頭的行人打個半死了！英國人為什麼這樣大度呢？無他，也是因為他們的父祖在這些早期的英屬殖民地犯罪累累，今日在定時定點的特殊地區被罵幾句尚不足以抵償過去的罪孽也。

日本人非常奇特，不只小林一人，大多數日本人對日本過去的侵略罪行並沒有罪惡感，甚至認為日本的侵略是對這些劣等民族所施的恩惠。到現在日本對台灣、中國大陸、韓國、東南亞等遭受日軍蹂躪的地區並未真正認罪或有任何實質的賠償行動，在言論上依然不時流露出自高自大的殖民者心態，這才是做為一個現代日本人的悲哀！

因為一本書而禁止作者入境，可能是有點小題大作，但鑑於台灣隱伏著的哈日與仇日的兩種緊張情緒，再加上一觸即發的統獨之爭，暫時禁止小林來台未嘗不是一次明智之舉，不要再為陷在經濟、治安困境中的新政府火上加油。誰知，竟有人氣勢洶洶地跳出來為小林伸張「正義」，聲言「小林是愛台灣的」，要求政府向小林道歉，並懲處禁止小林來台的官員。沒有人懷疑小林以及所有的日本人愛台灣的心情，不愛台灣怎會統治台灣長達五十年之久呢？至於向小林道歉或懲處官員，不免使人有時光倒錯的感覺，好像又回到六十年前的日據時代了！

歡迎或不歡迎某某外賓，應該是一個有自主權的政府應有的權利，與民主自由無關。雖然李登輝先生沒有發過扭曲或污衊美國及日本的言論，美國和日本照樣可以不予簽證，沒人因此指責美國和日本不夠民主，也好像沒有人跳出來要美國或日本向李先生道歉。日本為了中共也常做一些不利台灣措施，「正義人士」竟也多半啞口無言。稀奇的是，在我寫完這篇專欄的時候，忽見報載「政院不同意禁止小林入境」！哇！政府有沒有法定的施政程序？政院為何不在內政部決定以前說話，現在又命內政部收回成命，是否「出爾反爾」真正成為新政府的施政模式了？一個日本人的憤怒效力竟如此之大，立刻影響了我們最高決策者的情緒，看來李登輝先生也應該學學如何發怒了！

二〇〇一年三月四日

原刊二〇〇一年三月十二日《自由時報・副刊》

不知悔改的日本人

日本不顧挑起受害地區的民族情感，又竄改了學生課本中有關二次大戰侵略鄰國的史實。這樣的舉動說明了日本人沒有勇氣面對父祖的罪惡。

其實日本人許多長處，例如大家都熟知的：擅於模仿、勤奮小心、認真負責、勇於任事、遵守紀律、服從權威……，這些民族的性格使日本人從落後的族群中脫穎而出，在亞洲（甚至第三世界）建立起一個現代化的超極強國。然而這些長處，就如同雙面刀的兩刃，一方面有助於有效地完成志業，另一方面也可能產生負面的作用，造成重大的災禍。例如二次大戰時多數的日本人都盲目地服從軍國主義的指令，捨命盡責地為野心的侵略者擔任馬前卒，致使數億人口國破家亡，最後也導致了日本自身的慘敗。

不知悔改應該不是日本人特有的缺點，我們中國人也不遑多讓，柏楊在《醜陋的中國人》中已經提到過這一項。這也許是人類共通的缺陷，至少具有很多優點的日本人也不例外。二次世界大戰時，日本人所犯下的罪行罄竹難書，時間過去不久，尚清晰地鐫刻在受害者的記憶裡。日本人居然在證人尚在人間的時刻加以否認，公然說謊，勇氣不能說不大！

最近李登輝前總統為了赴日就醫，明明向日本交流協會台北事務所提出了赴日簽證的申請，日本政府卻偏說是沒有提出，使李登輝錢總統大為光火，特別召開記者會，指明日本政府在說謊。比起否認二次大戰的罪行來，這只能算日本政府撒的一個小謊而已。李前總統除了指出日本政府撒謊以外，並且說日本政府「比老鼠的膽量還小」，尤甚於吾人常說的「膽小如鼠」。據說日本恐懼的對象是中共。如果中共為了打壓一位卸任的台灣總統，不惜向日本施壓，則未免小題大作，也管得太寬，居然管到日本國內去了。如果日本不發李前總統的簽證，真是為了懼怕中共，那就不只是「比老鼠的膽量還小」，甚至可以說有失國格了！不久前日本人小林善紀為了台灣拒絕他入境，就破口大罵台灣不民主、不自由，至少台灣是自做的主張；如今對他自己的祖國在懼外的情形下做出這種「不民主、不自由」的勾當，不知該如何辯解？

其實日本拒絕李前總統訪日，不僅是「比老鼠的膽量還小」，簡直流露出像《自由時報》所謂的「欺善怕惡」的性格。六十年前，當中國積弱的時候，日本不但很瞧不起「支那人」，而且不惜發動東亞戰爭，想把中國一口吞下；如今中共國勢強起來，反過來要百般奉迎，為了討好中共，不惜犧牲仍然「熱愛」著的台灣！令人不解的是，日本政府任意竄改侵略史實，卻並不怕開罪中共，唯獨在拒絕台灣前總統入境一事上表現得如此畏縮，豈不又看準台灣太可欺了？

台灣之被日本輕視，武力不夠強自然是一個原因，另一方面人們一味地哈日、媚日成風，無形中更助長了日本人的驕矜之氣。試看。台灣的年輕人面對日本的一個莫名其妙的油頭小子、粉面辣妹，都會歇斯底里地瘋狂尖叫，猶如看到天使下凡一般，相對日本對台灣所表現的傲慢與不屑，實在形成尖銳的對比。我們很理解李前總統對青年留日時光的懷念，也同情李前總統對日本醫生的信任，但是如果李前總統看清了日本的這種面目，是否也要把腰桿挺起來，對日本說聲「不」呢？擔任過總統的人當然不比一般小民，雖說已經卸任，總代表了一部分國家的尊嚴。所以李前總統是否也可考慮加入日本侵略戰爭受害者的行列，大聲抗議日本竄改史實的卑劣行為，促其誠心誠意地向受害的無辜人民（包括被污辱的慰安婦）謝罪呢？

原刊二〇〇一年四月二十三日《自由時報・副刊》

中國豬與日本狗

施明德因被罵為「中國豬」而落淚，在這之前不知有多少人因受此辱而傷心。語言暴力僅次於肢體暴力，畢竟也是可以傷人的暴力，而且一下子傷了所有的炎黃子孫。如果這句話出自日本人之口，可視為種族歧視，不幸的是卻出自同是炎黃的子孫之口，豈不標幟著一種奇怪的自汙式的人格分裂和人格淪喪？

這句罵話不用說其來有自，是誰首先說出來的，已不可考，但可確定的是已經流行了很久，而且很能表現某些台灣早期的大陸移民後裔對後期大陸移民後裔心中所埋藏的恨意。如果心中有恨，當然應該發洩。但是過度的發洩，或故意挑釁性的發洩，則未免會造成社會問題，輕則製造個人之間的糾紛，重則形成社會的分裂與動盪。

這恨是如何來的呢？二二八事件可能是一個具有指標性的來源，國府對該事件處置不當，以致延生無窮的後患。但不只是二二八事件，兩蔣時代的所謂「白色恐怖」也是造成人民恨意的根源。然而白色恐怖並非針對河洛和客家族群，外省族群受害更甚，因為四九年以後從大陸來的人最容易沾惹上匪諜的嫌疑，像柏楊、李敖、雷震、崔小萍等都因為新近來自大陸而身受無妄之災。這些受害人因為自身屬於外省族群，心中如有冤屈，只能恨當權者，不能恨外省人。倘若所謂的白色恐怖一旦落在河洛或客家族群的身上，感受就不同了，所恨的對象，不只是當權者，而很容易擴及到外省人。嚴格地說，這恨確是投射錯了對象，大部分的外省人都是無辜的小民，能為白色恐怖負責嗎？反倒當日的「吹、台、青」也是當權者，或者是助紂為虐之徒，更值得人民唾棄。不過這些人到了後蔣的時代，搖身一變又成了本土主義者，不但對白色恐怖毫不負責，而且反過來成為挑撥族群對立的幕後主使者。

這些年來我們看到的正是這一群無良知、欠智慧、缺遠見的政客在一次次的選舉中興風作浪，為一時的選票，不惜挑起族群的對立，使「中國豬」這句罵話成為選舉的口頭禪，也因此日漸腐蝕了蔣經國晚年為族群的融合所做的努力以及為台灣的經濟所打下的基礎。台灣今日的衰頹及亂象可謂冰凍三尺非一日之寒了。

其實，我也聽過外省族群的後裔反罵早期移民的後裔為「日本狗」，為「漢奸」，為「數典忘祖」之徒。因為那些罵別人中國豬的人的確忘記了他們自己的先祖也是不折不扣的中國豬！而且這些人在仇視中國的背後也常常有著崇日的背景。但是這些罵話並未成為流行語，也並未被政客所操弄，主要的原因是背後並沒有廣大民眾的恨意支持，所以只能成為單獨的個案，發洩後也就過去了。

「中國豬」一詞之所以如此盛行不衰，而且一再地被無知政客所利用，而終於成為今日台灣族群裂痕中的一根刺，自然是一個值得重視的問題。如果真的有恨，就該正確地加以疏導，而非堵塞。如果並非由於積恨成仇，而只是出於一時的快意，那就是幼教時沒有把公民教育中尊重他人的精神及基本教養中的寬容態度教好，長大成人才會有如此口不擇言的公民！

美加都是族群複雜的國家，過去也發生過種族歧視與排外、排華的事件，後來不知費了多少當政者及社會有知之士苦心孤詣的疏導及認真的公民教育，才有今天的成果。令人不解的是台灣眾多的政客中，難道沒有一人看出來台灣如果聽任族群之間繼續對立與分裂，會造成多麼嚴重的後果嗎？

二〇〇六年九月二十五日

原刊二〇〇六年十月二十五日《世界日報・世界副刊》

我的第三個困惑

二次大戰日本是侵略者，不但使中國生靈塗炭，其他東亞的國家諸如韓國、新加坡、馬來西亞、菲律賓、印尼、越南、泰國、柬埔寨、緬甸等無不深受其害。這些國家的居民內心中不能不懷有深深的仇日情結。台灣當時是日本的殖民地，感受自然不同。馬關條約清政府割台之後，曾經引起台灣居民極大的憤慨，那一代的先人不用說也懷著深重的仇日情結，但是在長達五十年的殖民統治之後，到了抗日戰爭的末期，情形應該有所改變了。日本政府所實行的「皇民化」運動可能發揮了一些效用，以至於當時有些台灣本地的作家痛恨自己的漢人血統，以無法成為正統的大和國民而痛苦萬般，可見那時候的台灣居民已經有部分與日本認同的傾向。被殖民的台灣人民粗分大概有兩種人：一種是與日人合作的既得利益者和前言那種恨己不能成為日本純種的自我作踐者以及具有或自以為具有日本血統的人，另一種是心懷怨懟的被殖民的廣大群眾。這大多數的殖民地人民雖然沒有被戰爭凌辱的受害者懷有那麼大的深仇巨怨，但對日本仍抱有不同層次的敵視。只有前一種人，內心中不但對日本感到溫暖，恐怕還有一份無法壓抑的嚮往之情。我自己的經驗是，這類人一談到日本或日本的事物馬上就眉飛色舞與奮起來，無論如何也按捺不住、隱藏不了內心中的那一份激動。

與日本認同，當然得與中國疏離，恐怕還要找出中國人的種種醜陋面相來說服自己，以俾無所愧疚地否認自己的漢族血胤，這恐怕就是形成急獨份子的最深層的內在情結。當然，親日的人並不一定都是急獨份子，但是急獨份子幾乎沒有一個人不是親日的，道理也很簡單，如不仰仗日本，台灣的獨立便失去了前境。這些人對多少還懷有仇日情結的外省人及其後裔不能不感到厭惡，甚至敵視。然而問題在經過半個多世紀的混融，誰是真正的外省人已很難分辨了。目前台灣有太多超族群的聯姻，數百萬撤退來台的單身官兵，他們的妻子多為本地人，那麼他們的後裔又該算何種人呢？族群的分裂，首先就影響到這些人的親情，怎能不令他們痛惡？不幸的是如今具有親日情結的人多盤據權力的高位（日本前首相小泉累次禮拜供奉戰犯的靖國神社，台灣當政者竟一聲不吭，足以說明其內心的情結），以致難以化解族群間的矛盾。

其實不論是仇日還是親日，都是情緒性的心結，與民主政治所要求的理性可說是南轅北轍，但是為政者總要設法把廣大的人民導向理性，才能走上現代民主的道路。

日本人自己對先人的強權暴力到底有沒有反省的能力？與德國納粹與義大利法西斯不同的是，到如今，日本的軍國主義份子並沒有受到日本國民的譴責，反倒進入「靖國神社」，成為日本國民崇拜的偶像。日本人也從未向他們蹂躪過的國家或地區誠心地道歉或賠償。最近甚至竄改學童的教科書，抹殺日本人在二次世界大戰時的罪行。

令人悲哀的是，日本人給予台灣的居民留下些什麼樣的後遺症呢？台灣居然有些身居高位的當政者，公然以日本人的精神自居，完全忘記自己及家人、族人所受過的日人蹂躪。社會上也興起一片哈日和自我否認的反華的風氣。這算不算怪謬呢？

四、政權轉移以後

全民政府的迷思

在民主社會中可能有所謂的「全民政府」嗎？

民主政治奠基於議會代議制與多黨競爭制。由各地區、各階層與各行業所選出來的議員，代表了各自的社區或社團行使立法權。代表了不同理念、不同族群、不同階級的政黨，通過選舉的方式來競爭行政權。在大選中獲勝的政黨，不論是以絕對多數或相對多數而獲勝，都不可能受到全民的擁戴，怎有可能代表全民的利益來組成「全民政府」呢？所以在民主政治的運作中只有所謂的「多數政府」（在議院中佔多數席次）與「少數政府」（在議院中佔少數席次）之別，而不可能有所謂的「全民政府」！

但是在非民主的社會中就有所謂的「全民政府」了。過去在帝制的時代，逐鹿成功之後，即形成「溥天之下，莫非王土；率土之濱，莫非王臣」的局面，任何帝王都可以「全民政府」的領袖自居。此外，極權主義者（totalitarian）所建立的政權也可以號稱「全民政府」。例如過去納粹的政權，因為希特勒把所有的反對者放逐的放逐，殺戮的殺戮，把「非人民」的猶太人全體消滅，擁護納粹的就等於全民了。過去的蘇共和中共，也都可以「全民政府」而自居，因為他們所代表的無產階級就是全民；非無產階級，諸如地主和資本家，屬於「非人民」，甚或「非人」，自然無須顧及他們的權利。我們知道，毛澤東對人民的定義，只限於工、農、兵，不要說不包括地主和資本家，連無產的知識份子也未算在內（反右運動後知識份子成為毫無政治地位的臭老九，不可隨便蹺尾巴）。在農民中，甚至排除了富農與中農，只有無產的貧農和雇農，才配稱真正的「人民」。其他的「非人民」，不是反革命，就是黑五類，是社會亟待除之而後快的毒草，怎會有政治地位或法律保障可言？這也正是「人權」兩字在民主社會與極權社會中具有絕對不同涵義的道理。

我們的陳水扁總統，在號稱民主的政治運作中，以百分四十不足的選票當選，既非帝制的君主，又非極權主義的領袖，有辦法把不擁護者趕盡殺絕，連多數政府都難以組成，怎期望組成「全民政府」呢？陳總統以為任用國民黨員的唐飛擔任閣揆及幾位外黨人士擔任閣員，就可以號稱「全民政府」，不是很荒謬的事嗎？如果立法院的多數席次仍然屬於在野黨，無論如何組成的政府都是少數政府。道理很簡單，如果這些外黨的黨員（包括閣揆唐飛）都聽命於陳總統和民進黨的施政方針，那麼他們根本沒有發揮到代表多數人民的作用；如果他們為了代表更廣大的人民群眾，有時也參與自己政黨的理念，則遲早會成為陳總統絆腳的石頭，非要踢開才得順利上路。

事實上真正如此發展了，當唐飛這塊墊腳石完成了穩定軍心及造成多數政府假象的作用後，就成為不折不扣的一塊絆腳石了。核四建與不建的分歧只是一個開始，未來可預見的麻煩一定更多。陳總統快人快口，即說即做，一腳把石頭踢開，不但消弭了民進黨內部的雜音，也排除了未來施政的疑慮。不過從此以後民進黨的政府將成為名符其實的少數政府，再不能偽冒多數或全民政府的招牌了！

民主政治其實就是一種妥協的政治，任何政黨都無法百分之百地貫徹自己的理念，實現自己的理想。即使是多數政府，也不能完全不顧少數政黨所代表的那些人民的利益。至於少數政府，處境就更加艱難了。如果堅持一黨的施政方針，而未能在議會中聯合在野的政黨，勢必造成倒閣的後果，絕難維持政局的安定。

譬如核四一案，就會成為現任政府非常棘手的問題。民進黨的反核政策可能代表了大多數反核人民的心聲，也可能正是使民進黨獲勝的原因之一。就長遠的環保觀念而論，反核是得民心的政策。但是就短期的工商發展而論，核四的建立是為了解決燃眉之急的電力不足的問題。因此重視投資意願及工商業發展的企業界人士多數主張建核四，而像我們這些教育界的知識份子則以反對核四的居多。我們認為寧願自己束緊腰帶，也不願冒核污染的危險，更不願遺害後世子孫。不過擺在面前的問題是：廢核四，現任的政府不但擋了國內很多人和美國企業界的財路（美國已經高度關切我停建核四），而且得犧牲已經投進去的上千億台幣，未來的賠償還不知要損失多少公帑。很可能台灣兩千多萬人口，每人需額外付出一萬元來作為停建核四的代價

（包括老幼殘障者在內）。雖不是全民政府，卻成為全民負債，不會引起民怨嗎？續建核四呢，又違反民進黨的政策和大選時的承諾。真是左右兩難。倘若在立法院中在野黨的立法委員多數堅持不准變更已通過的法案，反對廢核四，行政院有什麼能力一意孤行呢？在雙方意見相左的情形下，不是倒閣，就是解散國會一途了。這樣爭執下去，很可能使陳水扁四年的任期期滿以前而一事無成。

不只核四一端，將來需要跟在野黨折衝的問題還有很多。總之，一個少數政府為了能夠順利施政，最後仍不得不組聯合政府，也就是不得不向在野的政黨妥協，以便獲得議會中的多數，這樣才能反映大多數人民的權利。目前民進黨聯合的對象不可能是與其在核四的主張上意見相同的新黨，因為新黨不能使民進黨成為立法院中的多數，而況在統獨的問題上與新黨又極端相左。如果聯合的對象是國民黨或親民黨，固然可以解決在立法院中的多數問題，但施政方針南轅北轍，核四問題又如何解決？

也許只有一種可以解套的方式：即在策略上以更為安全的核四替代已經老舊而可能會產生安全顧慮的核一和核二。在向人民承諾於一定的期限內廢除核一和核二的條件下續建核四，也許這樣可以為民進黨找到一個不廢核四的技術性的藉口，又可能贏得在野黨的贊同。

以目前的形勢來看，陳總統以為已經掃除了前途的障礙，高興得未免太早了些，其實路上的石頭依然很多，並非他所期盼的「新路上手」，而依然是「新手上路」。為政不在多言，有適當的謀略，見之於行事，才會贏得人民的信心。雖然大家都在一條船上，應當相忍為國，不過這個「忍」字應該用在自己的身上，而非拿來要求有監督及唱反調之職責的在野黨。在不肯向在野黨妥協以前，任何形式的少數政府都是不穩定的，過去法、意等國的少數政府已有先例在前。如果繼續不穩定下去，最倒楣的就是股市投資人的荷包，難免一天比一天縮水。有別於革命政黨為堅持理想不惜流血鬥爭去除政敵，民主政黨不得不學習如何與其他政黨妥協，因為民主政治的藝術就是妥協的藝術。

二〇〇〇年十月八日

原載二〇〇〇年十一月《文訊》第一八一期

只有政治的社會

常常聽到政治人物說：「不要泛政治化！」其實長久以來政治就是我們文化的核心符號，泛政治正是我們社會的常態，怎能不泛政治化呢？

在我們的傳統中，人們青年時代苦學向上為的是將來步入仕途，所謂「學而優則仕」。讀書人一心一意都在想做官，做不成的人才去做別的行業。這跟現代的西方人有很大的區別。記得法國有位總統公開說他本想做小說家，因為寫不出像福樓拜一樣好的小說，才退而求其次來從政競選總統。古代的孔、孟都因為做不成官，才來教育英才，目的仍然是希望教育出幾個能夠做官的學生。修身、齊家，是為了治國、平天下，從個人到天下，是一條政治的大道。傳統的中國，人民的生活可說完全在政治的籠罩之下，連家族組織也是政治化的。一直到西潮東漸之後，才發現西方的社會原來行行出狀元，不必一定要做官，做畫家、音樂家、文學家、科學家、醫學家、企業家、發明家等等，甚至作歌星、影星、模特兒、球員、拳師、廚師，都一樣可以成名，致富，一樣可以取得高尚的社會地位，光耀門楣（更確切地說是光耀個人）。我們非常羡慕這種八仙過海各顯其能的社會，於是我們的教育也從專教人如何做官的私塾、書院，轉變為今日分門別類的教育制度。可是這一百年來所表現的我們的教育成果，並沒沒有徹底改變我們泛政治的意識形態，反倒使我們的學院也流為泛政治的場所。

民國以來，我們看到的是在「救國、救民」的旗幟下，不論是文學家、藝術家，還是科學家、企業家，都免不了參與政黨，蹚進政治的渾水。在一九四九年兩岸分離之後，雙方仍然繼承著這個傳統。大陸上在共產黨統御之下，不用說政治取得統治社會的絕對權力，各行各業的菁英都必須以入黨為榮，必須絕對聽命於黨。在台灣國民黨當政的時期，政治君臨一切的情形也不遑多讓。如今雖然換成民進黨當政，政治的氣焰依然高漲。本來政治只是社會的一環，如今卻成為統御一切的中樞。西方國家，各行各業各有職責，各有領導，政府出了問題，並不會立刻影響社會的繁榮；我們則不然，一旦遇到無能的政府，全民都跟著遭殃。

政治既然控馭一切，也難怪我們的大眾傳媒的焦點也在政治，上得電視頭條或報章首版的都是政治新聞和政客的玉照，而且權力越大的見報率越多。最近高行健與李安也曾上了報章的首版，那是因為百年難遇的光榮，才有此例外。一般來說，電視頭條與報章首、二版除了犯罪驚悚新聞外，都是政客獨霸。

買東西，錢幣上有政客；寄信，郵票上有政客；在公共場所，到處凝視你的都是當權者的玉照。即使到公園裡散散步，迎面遇到的又是政客的塑像，真是躲也躲不掉。我們的文學家、藝術家、音樂家、科學家都到哪裡去了？

學府，原該是最乾淨的地方，竟然也充斥著權力的傾軋。雖然前幾年喊出了「教授治校」的口號，但校務仍然握在行政人員的手裡，使有些野心的人無不企圖擔任行政工作，因為一旦負責行政，就會佔盡了所有的便宜。學校竟然也像政府的組織，在權力分配上，系主任不及院長，院長不及校長，而最高的權力竟然握在教育部的手裡。這是西方民主國家絕對沒有的現象。難怪我們的大學校長，一有機會就捨棄大學而取教育部或國科會了。社會上也常有人慫恿像李遠哲這樣的人來組閣，好像非進入政府不足以抬高身價。其實，讓一流的人才從政，真是暴殄天物！

唉！我們無法不泛政治，因為我們就生活在這樣泛政治的社會裡！

原刊二〇〇一年七月十六日《自由時報・副刊》

特權！特權！

被癩蝦蟆任意吞食的蝌蚪們群起抗議癩蝦蟆慘無蛙道。過了一些時候，蝌蚪們自己長成了癩蝦蟆，站在水邊看見令一代的蝌蚪游在水中，不禁舔著嘴唇，再也忍耐不住跳下水去吞食蝌蚪的慾望。

人們在看見別人利用特權的時候，無不恨得牙癢，大叫打倒特權。等到自己一旦當權，沒有一個人頂得住特權的誘惑。

社會上處處有特權，小至買車票不必排隊，大至乘坐不花錢的專機任意旅遊，都是特權。在我住的這個城裡，有些居高位的人在機場不必像一般人似地通關，可以把坐車直接開到飛機腳下。因為有幾次在飛機上碰到這些人物，承他們盛情送我一程，才知道他們有此特權。

官愈大，特權愈多，沒有人覺得不對。其實這些特權都不是選民情願給他們的，是當權者自肥的結果。譬如立法委員及各縣市議員表決自己加薪，都會全體無異議通過。據說有的議會每年還要編列幾十萬的出國訪問費，而出國的目的之一竟是買春！長久下來，當權者自肥的結果是政府高官與議會議員反倒成為最高薪者。為什麼高官、議員待遇比大學教授還要高？聲音比各行的專家還要大？難道他們苦學的時間比教授們更長？他們的學問比各行的專家更大？當然不是！是他們巧於利用特權的結果。在真正民主的國家中，薪資最高的絕不是政府的官吏或國會議員。

上行必然下效，一般人民逮到可以利用特權的機會也絕不會放過。譬如開車，不管燈號，只要有機會搶到別人前頭，絕不禮讓，哪管他交通規則或優先次序。辦起事來，託人情、走門路，也是為了享受特權。這人情與門路當然不是免費的，於是興起紅包文化，用金錢換取特權。

為什麼一個社會如此需要特權？正因為社會上的各種法規訂得特別嚴厲，如沒有門路難以通過。譬如銀行貸款，一般人民借貸的抵押品估價特低，而利息特高，還要親友連保，無論如何贏家都是銀行，按理不可能產生呆帳。然而事實上，每家銀行都有呆帳。何以如此？當然又是特權在作祟！嚴厲的法規，原來只施用於不相干的人，不適用於特權階級。加上有些法規模稜兩可，全靠執行者的解釋，如此沒有特權的人怎能通關？因此只有犧牲金錢換取特權。

真正有權力的人，不用故意享用特權，手下已經處處把特權準備好了。久而成習，便覺得原該如此。特權使社會分化成不同的階級。反特權只流為享不到特權者的口號，因其所反的並非「特權」，而是「別人的特權」，一旦自己享用到手，便不以特權為忤了。天下烏鴉一般黑，有例外嗎？

大凡在第三世界，特權都是普遍的社會問題，連提倡眾人平等的社會主義國家也不例外。也許到了真正民主的一天，會不同的。讓我們拭目以待吧！

原刊二〇〇一年七月二十三日《自由時報・副刊》

人民的血汗錢豈容浪擲？

八月十八日，陳水扁總統在抵達尼加拉瓜訪問時，在受勳、演講之餘，也關起門來聽聽我駐尼加拉瓜大使蔡德三對尼國政情的報告。不想蔡大使直言不諱地把尼國政府（包括阿雷曼總統在內）貪污、落後的底牌掀了出來，使陳總統及隨行官員頗感意外，更使隨行的記者大為震驚，以致成為那幾天國內報章的重要新聞。

這樣的驚怪，足見我們的記者以及人民大眾對中美洲的政情十分隔膜。對我個人而言，也有些驚訝，驚訝的是數十年如一日，中美洲的政情並沒有什麼進步。我在一九六七年應聘赴墨西哥執教，當年就應聯合國文教組織的邀請到中美六國（包括瓜地馬拉、薩爾瓦多、尼加拉瓜、哥斯大黎加、宏都拉斯和巴拿馬）做一次巡迴文化講座。這次講座的經驗令我印象深刻。第一，這些國家的領土雖然不算小（只有薩爾瓦多小於台灣，最大的尼加拉瓜有台灣四倍之大），但他們的首都卻小得像台灣的一個鄉鎮，總統府看起來也不過像一個鎮公所而已（可能我們的鎮公所越蓋越豪華了）。第二，人民生活非常窮苦，比較富裕的哥斯大黎加（Costa

Rica意謂豐饒海岸）依然不脫清貧二字。第三，政府官員公開貪污、怠職，其中尤以尼加拉瓜為甚。我在尼國進關時，海關人員竟說我在他們駐墨西哥大使館的簽證有問題。我當時覺得奇怪，正要理論，海關人員立刻說交十元美金就沒事了。為了避免耽擱時間，我給了他十元美金立刻通關。一進關沒見事先聯絡好的接機人，倒是恰巧遇到正在候機赴巴黎的總統夫人。承她熱心協助，找來了大學的人員。我心裡想，海關人員竟膽敢在總統夫人的鼻下貪贓舞弊，這個國家的政情可知矣！

除了以上諸情令我印象深刻外，我雖然是聯合國花了大筆銀子聘來的文化「大使」，這些國家並未充分加以利用。瓜地馬拉和薩爾瓦多都因政情不穩（據說有大遊行或游擊隊搗亂）而取消了講座。在哥斯大黎加的演講遇到傾盆大雨，來聽講的人只有小貓三四隻，於是大家到咖啡廳聊聊天算了。尼加拉瓜更莫名其妙，說找不到聽講的聽眾，講座取消。在六個國家中只有宏都拉斯和巴拿馬事先做了安排，有幾百聽眾，也有記者訪問。因此我駐宏都拉斯大使聽到消息，特別請我吃飯，使我意外地遇到曾任台灣電力公司董事長的黃華先生，那時他代表世界銀行前來宏都拉斯貸款的。

這些是三十多年前的舊事。據蔡德三大使的報告看來，真是三十年如一日，落後的仍然落後，貪瀆的仍然貪瀆。蔡大使所以如此坦白直言，一方面固然出於他勇於任事、不肯敷衍的個人風格，另一方面也因對尼國而言這樣的言論應該是常事，不值得驚怪！外國的報導以及他們自己的傳媒一天到晚都在罵，但是厚臉皮的官員依然如故，不管別人如何批評，好官我自為之。看來如不像古巴似地經過一次人頭落地的大革命的洗禮，是無藥可救的了。

當我們處於外交困境之時，這些貪得無厭的人們與我們交好的意義何在，不言自明。陳總統雖然表示這次中美、非洲之行並未花用國人太多金錢，可是又說要增加外援，善盡國際責任，似乎有意先為浪費拿稅人的血汗錢找到合理的藉口。據外電言，尼加拉瓜官方資料顯示，台灣提供的贈禮及貸款高達四億元。哥斯大黎加媒體報導台灣援贈二千七百萬美元興建橫越田比斯基河的大橋，並貸款一千五百萬美元擴建Moin港。這些錢如果是援助給清廉而有效的政府，也未嘗沒有意義。現在的情形是塞給了貪污成習的政府，誰敢保證不會落入貪官的口袋？當地的傳媒並不領情，已經做了「金錢外交」的反宣傳，養肥了貪官，開罪了當地的人民，是否值得？

建立在金錢基礎上的外交，連俗所謂的「酒肉朋友」也不如，因為大家都知道國與國之間只有利害，沒有永遠的友誼。今日你給錢，就是朋友，明天倘若中共肯出相等的代價（不用更多），這些國家會立刻轉向。這些在國際上臭名昭彰的小國，對台灣加入聯合國的夢想又會有什麼實際的助益呢？

能夠走出去，對做總統的人而言，感覺上可能很爽（副總統看來也不後人）。只為「爽」一下，花了如許人民的血汗錢，是否應該斟酌？特別是在九二一的災難尚未復原的時候，在很多國內的弱勢族群等待救援的時候，在政府的財政支出捉襟見肘的時候，是否應該少做一些效果不彰的「凱子外交」呢？新政府新手上路後帶來的問題實在不少，社會治安未見改善，打擊黑金尚未開始，股市卻跌跌不停，自然及人為的災害接連發生，與海峽對岸的關係僵滯不前，仍然難免戰爭的隱憂……，這些內政問題不該優先處理嗎？外交是內政的延伸，有健康的內政，譬如說政治民主、人民富有，何患在國際上沒有朋友呢？

如果陳水扁先生今天仍是立法委員，這些話可能他會自己來說的。浪擲人民血汗錢的凱子外交也會是他攻訐的首要目標。可惜他現在作了總統，就可反其道而行了，竟說「我國援外經費僅佔國民總生產毛額的百分之零點一三，比起聯合國要求已開發國家應佔百分之零點七，以及目前平均已開發國家的百分之零點二四，顯然我們並沒有盡到應有的國際責任。」陳總統可能忘了，所謂「已開發國家」，指的是那些專事剝削弱小國家和族群的新老殖民主義者，那些已成氣候的資本主義工業國，台灣尚不在其列，沒有打腫臉充胖子的必要！而況，中美洲國家落到今天這個地步，是誰的責任？想想看住在美國門口的人，為什麼竟學不到美國的民主與社會福利？使富者田連阡陌（譬如美國來的資本家），貧者無立錐之地（譬如當地的印地安後裔），使廣大的人民流離失所，是誰有以致之？使這些國家的人民不得已只有在貪污腐化的極右派和殘暴不仁的極左派之間作選擇，又是誰造成的這種結果？美國對這些國家多一些援助還不應該嗎？

至於台灣，哪有這樣的義務和能力？有什麼道理要跟先進的資本主義國、跟新老殖民主義國競爭浪擲人民的血汗錢呢？

二〇〇〇年八月二十二日

原載二〇〇〇年十月《文訊》第一八〇期

馬其頓的教訓

與馬其頓維持了兩年的邦交終於劃下了句點！

雖然在這種凱子外交上浪擲了數億美元人民的血汗錢，如果由此真正獲得教訓，以後不再做同樣的傻事，也算是一種實質的收穫了。

大家都知道外交不過是內政的延伸，有健全的內政，才會有正常的外交。什麼是健全的內政呢？民主的政體、繁榮的經濟、和諧的族群關係、高度的環保意識、普及的教育、起碼的社會福利、低水平的失業率與犯罪率。如果這幾項都遙遙領先，誰敢不另眼相看？何患在世界上沒有邦交國？相反的，如果有的是有名無實的民主、萎靡的經濟、對立的族群、欠缺環保意識、低落的教育水平、赤貧失養者眾多、失業率與犯罪率日日高升，連最近的鄰國都會避之唯恐不及了。

一個人交朋友，貴在相知、互助，最怕交到的是酒肉朋友，聚在一起不過是為了吃喝玩樂，一時貪圖你的金錢，稱兄道弟，等你財盡或遭難，立刻捨你而去。國與國之間也有類似的狀況，一時看上你不計代價急需擴展外交的窘境，趁此機會獅子大開口任意勒索。恰巧前些年，台灣經濟強勁，有些餘錢可以隨意揮霍，被一些經濟貧困的小國看在眼裡，認為遇見了財神，不拿白不拿。台灣又故做「凱」狀，出手大方，因此有些外交的關係就如此這般地建立起來。如果這些投資外交的金錢真正為友邦的人民謀到福利，倒也罷了。不幸的是凡是肯於接受金錢外交的政府，在人民的眼裡多半是腐敗的政府，肯於玩弄金錢外交的官員總跟貪墨扯不清關係。馬國的輿論，就一直以「腐敗外交」的字眼抨擊台馬關係，中美洲各國的輿論也常用「金錢外交」來批評他們的政府。我們花了大筆銀子，卻得不到友邦人民的同情或善意的回應，反招致訕笑。

三億美元援助科索伏的承諾，仍然保不住一國的邦交，足見金錢並非絕對有效的外交保障。過去有餘錢的時候，任意撒撒銀子尚無大礙，如今經濟如此萎靡，失業人口如此嚴重，自己的人民都在嗷嗷待哺，豈有餘力繼續這種「凱子」外交？

我國外交部趕在馬其頓與中共正式建交前數小時主動宣布與馬其頓斷交，關閉使館，並終止一切合作關係。終止了外交關係，不再花冤枉錢，也算是件喜事。沒有正式外交關係，仍然可以維持貿易。凡不以凱子視我之民族國家，都是朋友。其實很多國家都抱著政經分離的態度與我交往，如果政治上承認中共，經濟上又可與中華民國來往，甚至希望從中獲得經援，何樂而不為？站在我國的立場，政治外交雖說空間不大，經濟外交卻依然可行，只要互利雙贏，而非浪擲金錢的「凱子」方式，未始不可朋友遍天下。但最重要的當然是先有健全的內政。所以我們衷心盼望當政者千萬把施政重心放在內政上，特別當全民艱苦的時刻，不要動不動就飄洋過海，煞有介事，看在百姓眼中實在百味雜陳。

原刊二〇〇一年六月二十五日《自由時報・副刊》

難以抗拒的誘惑

近來閱報，見台灣官員的弊案連連，甚至就在總統府內，親如總統的女婿都因案收押禁見了。奇怪的是每次弊案的發現，都非司法或廉政機構為人民所盡到的掃貪除弊的職責，而是由大膽的立法委員揭發、爆料，然後成為新聞媒體追逐、發掘的對象，終而流為街談巷議的大好材料，這時候警政及司法機關才不得不插手過問。人民看到如此欠缺自律的政府結構，如此一批尸位素餐的官員，怕都難免悶出一肚子氣來。

一個完善的政府結構，首先就應該有自律的功能，因為權力是最容易使人腐化的力量，如沒有相當的防腐劑，自難逃迅速腐敗的命運！

在民主的國家中，既然有政黨輪替這件事，政務官只負政策的決定，一切日常事務的運作都在不需更換的事務官手裡，特別是官方企業的主管與政黨無關，因此政府內外的運作本不應受到政黨輪替的影響。但是在台灣似乎並非如此，不但事務官可能被換上與政黨有關的新手，官方企業的首長更成為執政黨酬庸的籌碼。在如此的情勢下，既然執政者視官位為肥肉，用以禮遇同謀的人，攫到肥肉者若不大啖特啖，怎對得起施惠者的恩德？

而況台灣的官僚制度本與西方民主國家的大為不同，早就養成了一種敷衍了事不負責任的態度，對人民的需要，視若無睹，能不管就不管，能踢皮球就踢皮球。其歷史的根源可上溯滿清時代，下至國民黨治下都未嘗改變。凡是在政府機關辦過事的人都有這種經驗：按照正常的程序一定此路不通，要想打開通路，不是靠走後門，就是靠關係，不然就靠紅包的效力。在諸種關係之中，最有用的莫若「上級」的壓力。因為每個官位並非靠一己的能力，而係依靠上級的歡心。政黨輪替，偏偏沒有輪替掉這種官場的積習。

社會習俗、官場結構既然如此，不管任何階層，誰不明瞭阿諛權貴的重要？誰不想與「上級」攀上一種關係？最高的上級是誰呢？因此跟總統府沾上邊的人，就無往而不利了。總統府的副秘書長可以為人關說，可以詐欺，可以炒作股票。總統的親家可以內線交易，更為各公司爭相禮聘為高薪的顧問。相信他們並不需自己謀求，而是人家自動找上門來奉獻的。具有特殊關係者不過一通電話，就可打通關節，既幫人家解決問題，又可賺進大把銀子，何樂而不為呢？

只要跟位高權重者沾親帶故，金錢、禮物自會有人無條件送上門來，當事人肯收，送禮的人就感覺無上光榮了。拒絕自動奉獻的利益，或在到口的肥脂前閉嘴，實在是強人所難！一般人怕都辦不到，為何厚責總統的親屬？

問題是身居高位者，不應該比常人有更高的智慧、更嚴格的自我要求嗎？在同一環境成長的人，難道不理解這樣的社會習俗與官場積習嗎？從前蔣經國總統懲辦貪瀆案，首先從自己的親屬辦起，就是旨在發揮嚇阻的作用。那時候還不是民主的時代，但蔣經國蓋棺論定之後，公論當得起清廉二字。後來者如不知見賢思齊，實在令人惋惜。

防患未然，應該是最起碼的做人要求，對握有重權的人更該如此。如果傳統的社會機制中欠缺防貪戒弊的防火牆，就須自己提高警覺，自設防範的機制，而非徒託空言的口頭告誡，才不致釀成如此狼狽難堪的後果！

二〇〇六年五月二十五日

原刊二〇〇六年六月七日《世界日報・世界副刊》

我的第四個困惑

有些人認為二〇〇〇年的總統大選標幟了台灣的政權轉移，甚至將目前台灣的政經困境諉之於舊政權的遺害。其實這是不正確的。遠在蔣經國去世的一九八八年，李登輝接任總統大位後政權已經轉移了，已初步從所謂強人政權轉為民主政權，從外來政權轉為本土政權。一九九六年總統改為普選，李登輝當選第一任普選產生的總統，在民主政治上又朝前邁進了一步。從一九八八年起直到二〇〇〇年陳水扁當選總統，在長達十二年的任期中，李登輝不動聲色地改變了台灣的政治面貌：強人不再，但總統權力依舊，國民黨基本上已經本土化了。

其實，這些改變從蔣經國晚年當政時已經開始。眾人皆知，蔣經國不是個貪瀆枉法的人，也無意傳子，他在台灣所做的事無非是加強經濟建設，開放報禁、黨禁，把政權逐漸轉移給在地人，如果他父親曾經造成過白色恐怖，也算是替他的父親贖罪了。

我自己親身經歷到戰後台灣經濟蕭條、民生凋敝的窘況。在我大學時代（一九五〇～五四），我們的伙食，除了夾生的飯和有鹽無油的高麗菜外沒有任何油腥，每星期吃到一塊肥肉或一個滷蛋，就覺得美味無比。大學畢業後到了我在中學執教的時期，我的學生的便當裏仍然只有米飯和幾滴醬油或幾粒花生米而已。可是到了蔣經國擔任總統的時代，十大基礎建設完成，台灣的經濟起飛，據說台灣的錢已經淹腳目了！這是誰的貢獻呢？

在老蔣的時代，政府中的要員多半都是外省人，但是到了蔣經國的時代，本省的政治精英像謝東閔、連震東、林洋港、李登輝、張豐緒、連戰等一個個都受到重用。更重要的是本地的大企業家像王永慶、張榮發、辜振甫、蔡萬霖、許文龍等一個個都發起來了，中小企業也一片興榮，不但奠立了台灣經貿的榮境，也影響了日後台灣的政情。

這些基本的變化都不是從後蔣時代才開始的。李登輝的貢獻除了完成總統普選與援助民進黨使其早日替代國民黨執政之外，看不到其他有利於台灣的重要政績。

政權和平地轉移之後，如果民進黨真正是一個有能力又有理想的政黨的話，在蔣經國所打下的基礎上，可以順利地使台灣的政經更上一層樓。政治上，走向民主的道路自然是首先限制總統的權力，而非擴權。在蔣經國的時代，總統的權力實在太大了，如果蔣經國不是一個善於自我約制又無貪瀆之心的人，台灣早已經腐化成一團爛泥，連今日的菲律賓都不如。那麼，台灣不能期望另一個蔣經國出現，只有在制度上進行改革才行，不但應該限制總統的權力，也要限制立法委員和各級官吏的權力，使其只能為民服務而無能貪贓自肥。在經濟上，繼續提升精密工業和觀光業，改善金融機構的體制，而非陰謀掏空政府的財產，使後來者陷於窘境，又眼睜睜看著資金與技術流向大陸卻束手無策。更重要的當然是能夠抓住機會搭上大陸經濟起飛的列車（這是無能抗禦的世界潮流），以俾造成同進雙贏的局面，而非以虛妄的意識形態與對岸為敵！

不幸的是政權轉移之後，政治與經濟兩方面都反其道而行，加上執政者的蠻悍硬拗與貪瀆無能，以致造成今日台灣一逕向下沉淪的局面。不管人民如何疾苦，高官該享的特權一分也不可少，浪擲的公帑比過去腐化的政府有過之而無不及，貪腐且成為在上位者的公然行為。我們該怨誰呢？

五、九二一以來的台灣社會

九二一的震撼

九月二十一日深夜，被一陣天搖地動的震顫從夢中驚醒，馬上意會到發生了地震。看一下錶，快到一點五十分，扣掉恍惚中的幾分鐘，恰恰就是後來新聞中播報的一點四十七分。

今年土耳其的地震非常慘烈，死傷數萬。回憶過去，一九七六年瓜地馬拉大地震死傷更甚，一百萬人（也就是全國總人口的五分之一）失去家園。但是本世紀最慘烈的一次地震應屬發生在同一年七月二十八日中國大陸的唐山大地震，一夜間整個唐山市夷為平地，死亡二十多萬人，傷人無數。唐山大地震唯一的貢獻是震死了大獨裁者毛澤東（於一個月後的九月九日逝世）。又過了五年，我到天津南開大學講學，仍看到不少住在帳篷中的災民。那次所造成的創傷五年後尚未平復，真是談震色變，餘悸猶存。

地震，我親身經過不知多少次了。幼年時彷彿曾遭過一次規模不小的地震，那時實在太年幼，想起來猶如夢境。記憶中最明確的是在墨西哥那六年。墨西哥以多地震而聞名，六年中至少經歷過十餘次大大小小的地震。其中有兩次記憶特別深刻，一次是地震來時我正躺在澡盆裡洗澡，盆裡的水左右搖晃而溢出盆外。當時不知為什麼全無恐懼，躺在澡盆裡享受了那一陣搖撼，只等地震過去。另一次我身在十八樓的一家領事館辦簽證手續，因為置身高空，無所逃避，只感到大樓在空中像風中的樹梢左右擺動，倒是頗有規律。據說這就是特高大廈的防震措施，可以跟著震動搖擺而不致傾倒。當時心中也沒有恐懼，生死有命，恐懼也無濟於事的吧！真正心生恐慌，是想到自己的親人，父母妻小，一旦遭難，傷痛留給生者的難耐。在我的腦際於是就浮現出一幅自己正在赤手從瓦礫堆中挖掘親人屍體的畫面，一雙手已經血流露骨，仍在不要命地挖掘。久之，我不知道是我的夢境，還是只出於想像，這個畫面非常生動鮮活，好在迄今並未成為事實。

我住在墨西哥的那六年，雖說地震頻繁，卻未釀成大禍，最多只看到有些大樓巨廈皸裂的痕跡而已。後來一九八五年墨西哥終於發生了一次八級以上的大地震，幸而我早已離開那裡。墨西哥既然多地震，在建築上當然有相當的防震措施，除此之外，墨西哥人一本其樂天知命的人生態度，平常既不做防震演習，私人也沒有防震設備，日子照樣過得滿快樂。墨西哥人的這種態度，當然不只是對地震而已，對水火天災、兵燹人禍，都是一樣，絕對不會未雨綢繆，防患未然。災禍一來，當然難免驚慌失措，損失慘重。然後也會痛加檢討，期望能夠亡羊補牢。然而常常是牢尚未補，已經事過而淡忘了。下次依然重複同樣慘痛的經驗，而終不會吸取教訓！這是為什麼呢？因為吸取太多的教訓而必須過一種戒慎恐懼的生活是有違墨西哥人樂天知命的天性的！

這一點，長於理性思考的西方工業國家的人民非常不瞭解，常常歸之於一種先工業的落後狀態，以輕藐的口氣稱之為「開發中國家」的人民態度，正可為「已開發國家」欺壓剝削的對象。西方國家的人民的確不同。我在倫敦大學教書的八年中，不但教室、研究室、宿舍等到處裝滿了火災警報器，常常因為有人不小心在下面抽煙而使鈴聲大作，而且校方每年都有不定期的防火演習，雖然倫敦已經很少火災，大概十九世紀倫敦的幾把大火把英國人的膽嚇破了。這說明了英國人多麼能夠吸取教訓，多麼理性，在生活中多麼能夠戒慎恐懼！但是，我覺得英國人活得絕對沒有墨西哥人快樂！

我們的生活態度雖然一心要學習西方的工業國，但基本的人生態度是比較接近墨西哥人的。在樂天知命之外，還帶點「得過且過」的不在乎味道。在我回國後的十多年中似乎沒聽說有什麼學校做過防火演習，我執教的大學就從未作過，雖然我們的火災奇多，不但燒死過學生，也燒死過老師。重大火災發生後，有關的行政官員照例痛加檢討，過一陣子，什麼也沒做，也就照例加以遺忘！

這次九二一大地震，死傷一萬多人，毀屋不計其數，使數萬人無家可歸，沒有一個人不受到震撼。災難不可謂不重，但來得並非突然，因為這些年氣象局一再警告「小心大地震的來臨」，媒體也時常予以報導。只是言者鑿鑿，聽者眇眇，沒有任何人具有警惕心，個人不具防震的常識，機關學校從未作防震的演習，各級政府居然都未設急難處理小組，以致大禍來臨，上下一片慌亂，不知如何措手足。

最奇特的是，在震塌的大樓壁柱中，居然露出了沙拉油桶、醬油瓶、保麗龍、舊報紙，這些材料也可以用作建材嗎？難怪經不起地震的一搖再搖。這些大樓外表的裝潢都夠體面，名字個個響亮得不得了，不是叫王朝、奇蹟，就是叫博士的家、金巴黎，正應了我國的一句俗語：「金玉其外，敗絮其中」。為什麼建商重外表，不重實質？是否是為了迎合買家的特殊心理？正如一個月餅包裝十七層，不但不會滯銷，喜歡的還大有人在。這種心理，西方工業國的人沒有，開發中的國家也沒有，只能說是台灣暴發後的特殊現象。如說我們的建商良心特黑，故意謀財害命，那是過分了。只能說這些人看准了顧客不重實質的虛榮心理，對建物的安全掉以輕心，或心存僥倖，反正申請建物執照塞一個紅包就可過關，如不填入幾隻沙拉油桶，紅包的錢從何而來呢？震災一來，當然害苦了住戶。按理說受害的無辜災民是最令人同情的，但是所有的災民都只是無辜的受害者嗎？報上說有些災民居然霸佔救濟品，或者一家人串聯起來蒙混多領，甚至有的人趁火打劫，偷搶別人的財物，平常不顧妻兒的人夫，在妻兒罹難後厚著臉皮來領取妻兒的性命換來的撫卹金等等不一而足。比起建商的黑心，這可能算是些小事，但是其居心的投機取巧，一意佔盡別人便宜，是一樣的。可見我們的人生態度上下一致：掉以輕心，心存僥倖，投機取巧，佔人便宜，不分彼此也。

看在西方工業國的眼裡，不用說我們也是很不理性，無可救藥的落後社群。其實，正如墨西哥人一樣，我們活得比較快樂，因為我們不必那麼戒慎恐懼！這次的災難，若不拿西方國家的「唯理性是尊」來對比，民間與政府都表現了積極的態度。對於建築執照的把關不嚴，對於災難的未能未雨綢繆，我們也不必過分厚責官員，換一批也不見得就令人滿意，因為有什麼樣的人民，就有什麼樣的政府與官員，每個人都有責任！

一九九九年十月五日

原載一九九九年十一月《文訊》第一六九期

日益囂張的拜金主義

拜金主義，自古有之。不過曩昔拜的是黃金白銀，今日改拜紙幣而已。黃金白銀難以偽造，紙幣偽造的技術卻越來越精進，幾乎與真鈔無異了。本來真鈔也是人造的，只要克服技術上的難點，便無法防止偽造出與真鈔一般無二的假幣來。相信今日所破的偽幣案，都是技術上有瑕疵的，那些技術高明的早已混在真鈔中而無法辨識了。

偽造紙鈔，罪名不輕，人們所以甘冒身敗名裂之險者，無他，勇於謀財也。為了謀財，命也可以不要的，有人為此而偷竊，而欺騙，而綁架，有人為此而自殘、而殺人。從偷竊、欺騙、綁架陌生人到偷竊、欺騙、綁架自己的親屬，都是為了同一個目的。親子之間、夫妻之間居然都可以互相綁架，真是過去難以想像的事。不但綁架，還可以進一步為了謀財而自殘、而殺人，有人為了保險金，可以自斷其掌，也可以殘害親生父母或子女。有人為了奪財，從殺陌生人一直殺到兄弟、父母、夫妻、子女。想到你所愛的親人有一天會為了金錢變成屠戮你的兇手，恐怕心都要涼了吧？

錢，如今似乎成了人生唯一的目的。經商是為了賺錢，種田、做工是為了賺錢，演戲、唱歌當然也是為了賺錢，當醫生、做律師、教書也是為了賺錢，做官、選立委、議員更是為了賺錢。如果無錢可賺，似乎什麼事也不想做了。有錢，何止能使鬼推磨呢！

孟老夫子花了好大的氣力來講「義利之辨」，用意無非指出「利」並非人生唯一的目的，甚至不是最佳的選擇。現在被人說成中國所以沒有產生資本主義的原因之一。是的，資本主義是一種唯利是圖的主義。如果說「利」乃人之大慾存焉，資本主義的確是順應人之大慾而產生的，莫怪數百年來在人類的地球上暢行無阻，無往而不利。資本主義把過去藏藏躲躲的牟利之心揭開來，使其合法化，合理化。只要用法律准許的手段而牟利，非但是許可的，正當的，而且受到社會的鼓勵和讚揚。過去違心而論的「銅臭氣」一變而為順心順意的「金錢香」了！

在資本主義的制度中，人人都變成為性質不同的「商人」，大家都千方百計地賣些什麼東西給人家。農人賣糧食，工廠賣產品，資本家賣錢，做官的賣給人方便，議員賣關說，沒東西可賣的，還可以賣笑，賣皮肉。每個人既是賣家，也是買方，賣你所有的，買你所需的，這就是資本主義的基本結構。但是法律規定有些東西是不准隨便賣的，譬如不准做官的賣給人方便，不准議員賣關說，對一般人也不準隨便賣笑、賣皮肉。無奈基本結構如此，法律的效力就十分有限了。政府的官員、議會的議員在台面下拿紅包、圍標、超貸、五鬼搬運，無所不用其極，早已成為公開的秘密，查不勝查，辦不勝辦。我們買一艘軍艦要數倍應付的價錢，建一個捷運也要貴好幾倍，只要沾上官府的工程都貴不可言，不是明顯的非法勾當嗎？有誰去一一查辦呢？

只要錢字當頭，什麼非法的勾當都做得出來。為了錢，可以非法濫墾山坡地，可以盜伐山林，全不管豪雨時的土石流沖走多少人命。為了錢，建築高樓大廈可以偷工減料，不問地震、颱風時可能釀成的災害。為了錢，可以把有毒的垃圾傾倒入河川或埋入農田，全不顧毒死多少飲用河川水的人命或如何遺害後代的子孫。

資本主義在西方世界行之久矣，為什麼有些出軌的現象獨見於我們的社會？追索其原因，乃因西方世界並不獨行資本主義，還有與之並行的基督教。德國社會學家韋伯早就在《新教倫理與資本主義精神》（*The Protestant Ethic and the Spirit of Capitalism*）一書中指出資本主義的興起源於清教徒的「神召」（Calling）意識。即使你不完全同意韋伯的卓見，你也會在西方世界觀察到在經濟上金錢掛帥的同時，精神上人們仍然服膺於宗教的感召。資本主義「各利其利」的原則，並非無限的，而是在宗教和法律的約束下進行。有些牟利之道，雖然看似捷徑，但法律不許；有些牟利之道，則為宗教的道德觀所不容，除了少數真正的罪犯，大多數人都不會去嘗試。而我們的社會，從五四運動打倒孔家店之後，儒家的影響力日漸式微，如今就只靠著佛教和媽祖的一點微薄的信力來維繫人心，如何足夠呢？而且有些宗教團體本身就是斂財的機構，又如何去感化世人？真正的罪犯不必論，可怕的是一般普通人視法律、道德如無物。海峽對岸的情形比我們更要嚴重，他們一旦失去了對馬列毛的信仰，不再去為人民服務，那就真是人慾橫流了。官員的貪污、人民的犯罪日漸猖狂，雖有重刑都無能遏止。

如沒有宗教、道德、法律的制約，資本主義肯定無能帶領我們走向一個理想的世界。可惜我們所看到的現象卻是日漸向慾望滑落。近來各電視台競相以百萬獎金招徠觀眾，有些百貨公司、購物中心，竟然為了吸引顧客而當街撒錢！這些事件都說明了各行各業都不擇手段，努力進攻人們貪婪的弱點，以牟取更大的利益。其實這也是一種變相的金光黨的行為，只是巧為包裝以避法律的耳目而已。

在今日泛政治的思潮下，人們習於一切都仰賴政府。端正政風，靠政府；維持治安，靠政府；掃除黑金，靠政府；阻止股市下跌，靠政府；連家庭暴力，也要靠政府。其實政府也身在資本主義的慾望之流中，連自己脫身都不容易，又有什麼力量來端正社會風氣呢？如果我在此搬出儒家的「誠意」、「正心」、「修身」一套來說明真正端正社會的力量來自每一個人的自我修為，一定使人覺得迂腐，但我們是一個宗教信仰甚淺的社會，法治觀念據我的觀察恐怕尚須一代人的時間，也只有行之數千年的儒家學說還有些餘威，除了再仰賴儒家的教導，又有什麼更佳的方策呢？

原刊二〇〇一年二月十九日《自由時報・副刊》

賭與娼

賭與娼，自古有之，普世有之，防不勝防，禁不勝禁。何以如此？因為二者皆來自人類最基礎、最迫切的慾望。

買彩票、馬票，是賭；四圈衛生麻將，是賭；高雅地下一盤圍棋，也是賭；進賭場下注百萬，更是賭；誰敢說一生沒有沾過賭字呢？在賭場中的一場豪賭，有的人一夜之間成為暴富，當然更多的機會成為赤貧。為了微小的一點暴富的機會，不顧陷入赤貧的危險，正是冒險家的精神。人生不就是一場冒險嗎？誰能剝奪人們冒險的自由呢？所以賭，並非全盤皆墨，也自有其根本的價值在。

娼妓之所以存在，更是為了調劑人慾的滯塞。幸運的人既有愛情，又有婚姻，可以唾罵娼妓為罪惡。可是社會上還多的是既無愛情，又無婚姻的不幸者，為了基本慾望的滿足不得不求助於用金錢換來的短暫的假情虛愛。雖明知是一場空幻，一絲暫時的溫存慰安，也聊勝於無。誰又能如此狠心完全剝奪去不幸者的這一點微薄的幸福呢？

從人性上看，賭與娼都有其存在的理由。然而現代人不能只顧人性，也得從社會與經濟的效益上看問題。從社會的安寧著眼，賭與娼二者均為製造不安的因子。賭與娼都是無本的生意，是黑道覬覦的肥肉，因此賭場與娼窟都是滋生黑道的最佳溫床。有了賭場，就有把持賭場的黑道大哥和小弟，就有詐賭的騙子、老千，就有傾家蕩產的賭徒，就有討債殺人的流氓……，有了娼窟，就有迫良為娼的老鴇，就有吃軟飯的皮條，就有盜賣幼童的人口販子，就有尋花問柳的嫖客，就有花柳性病以及愛滋的傳播……，這許多有礙社會秩序及安寧的後果都是施政者不能不考慮的因素。

然而無本的生意又是多大的誘惑啊，特別在當前這種拜金的時代！賭場與娼窟都可成為旅遊、觀光的重要企業，可以在最短的時間，賺取最大的利益，可以使一個荒寂的不毛之地變成繁華的不夜城，可以使當地居民的收入暴增，因此不能不使以經濟效益為最先考量的資本家為之心動。

無視人性，固然並非上策，任人慾橫流，恐亦非為政之道，如何在二者間拿捏分寸，才是最高的藝術與智慧吧！

西方各大城市都有指定的風化區，可見一方面無法嚴禁娼妓，一方面又不得不加以侷限的苦心。至於賭場，問題更大，恐非指定地區就可解決。賭場與娼窟都是具有腐蝕性的營業，當地居民以及管理的警政機關是否有足夠的抗腐力，值得考慮。美國的拉斯維加斯固然是沙漠中的綠洲，成為舉世著名的賭城，有東方賭城之稱的澳門卻沒有這麼幸運。澳門與香港比鄰，雖有龐大的賭場收入，但是不論在經濟繁榮上，還是在人文環境上，都令人覺得比沒有賭場的香港落後了幾十年，而且黑社會猖獗，治安可慮。企圖經營賭場的地區，是否應該先到澳門仔細觀察一番再做決定？倘若我們的澎湖成為第二個澳門，會不會真正是澎湖人之福呢？

二〇〇一年三月十五日

原刊二〇〇一年三月二十六日《自由時報・副刊》

美談與醜聞

抗戰時期中央社的名記者陳香梅女士才不過二十幾歲，嫁給來華援助中國抗日的六十多歲的美國飛虎將軍陳納德，一時傳為美談。相反的，今天十八歲的小鄭，要娶五十一歲的莉莉，卻被說成是醜聞，真是不公平呀！

老夫少妻，所在多有，人們不以為怪；老妻少夫，其實也有一些，但總贏來異樣的眼光，顯示出男女不同的處境。如今小鄭與莉莉的故事被媒體大事炒作，曝光率之高超過一般的歌星，使二人驟然成為名人，真是意外的收穫。據說二人的住所前經常有記者駐足，人群圍觀，以致小販麕集，似成夜市，為近來不景氣的市景平添了幾分熱鬧，使我們暫時忘懷了失業的痛苦以及自殺者所造成的悲慘氣氛，這是使人始料未及的貢獻。

老妻少夫不但在我國成為禁忌，即使在男女比較平權的西方社會也常會成為驚世駭俗之舉，弄不好會惹上官司。田納西・維廉斯的名劇《慾望街車》裡的女主人翁布蘭青，身為英文教師，因跟未成年的男學生發生曖昧的關係而遭解聘，弄得聲名狼藉，後來連故里也不能容身。在七〇年代，法國真正發生過中學女教師跟未成年的小男生相戀的事件。女方三十多歲，男方只有十六歲，被男方家長一狀告到法院，女老師因此被判刑三載。小男生信誓旦旦要等候老師出獄，不惜與家庭決裂。三年後女老師刑滿出獄，男孩已達法定年齡，兩人終結連理。此事件被拍成電影，劇中男孩的父母成了反面人物，損人而未利己，不但未能改變兒子的決心，且使女老師白白坐了三年牢房，終於傷害了親子間的感情，難再挽回。

美國有部電影更誇張地講一個未成年的少男愛上一個六十多歲可以作他祖母的女人，老女人給他的幸福是他在家庭中從未嚐到的。我忘記了故事如何結尾，總之也是認為戀愛自由，不該為年齡所限。祖孫之戀在世界上也真正發生過，又是在法國。戰後享譽歌壇的女歌星艾迪・皮耶芙到了六十歲高齡，竟下嫁她的只有十八歲的理髮師。此事曾經轟動一時，好像那時大家認為是美談，而非醜聞，可見名人是可以例外的。好萊塢著名女星伊麗莎白・泰勒多次下嫁年輕男子，也屬此類。

一九八五年我在為《中國時報・人間副刊》所寫的「東西看」專欄裡寫過一件英國的老妻少夫的故事，這件新聞在當時見報時女方三十九歲，男方才只十七歲，二人已結婚一年，也就是前一年女方為了嫁給一個十六歲的小男生，不惜與自己的丈夫離異。《中國時報》很例外地在我的專欄裡刊出了二人的合照，看起來像是母子，但二人笑得開心。在接受記者訪問時，女方曾說：「人人都希望我們的婚姻失敗，大概正是使我們非成功不可的原因。」

七〇年代我在加拿大阿爾白塔大學執教時，有一位歷史教授請我到他家晚餐，這位教授不過四十來歲，他家中的女主人卻已滿頭白髮，看起來少說也已達耳順之境了。我直覺上是他的媽媽，經過介紹才知是他的妻子。平素未聞同事間說過任何閒話，大概因為加國真是較為開放的地區吧！

愛情是很奇怪的，每人的口味不同，有人喜歡同質（同族、同教、同齡），有人專愛獨沽異味（異族、異教、異齡）；有人戀異性，有人戀同性；有人愛像姊妹兄弟的人，有人愛像父母或像兒女的人，有人喜歡從眾，有人喜歡特立獨行……，大多數人也許沒有把愛情看得特別重要，不管張三李四都可將就；有的人可是非常認真，「任你弱水三千，我只取一瓢飲」。如果遇到外力干預，常常使本來不認真的也認起真來，更加增強了當事人的決心。前幾天一對十七歲的小情侶雙雙跳樓自盡，據說就是由於父母的橫加干預。如果作父母的多一份瞭解與關心，採取較溫和的態度，也許悲劇就可以避免了。小鄭的父母也一樣不懂這個道理，所以有時不免說出傷感情的話來。幸好莉莉已經是個有閱歷的婦人，知道如何保護自己和小鄭，一定會使劇情往喜劇的方向發展。

原刊二〇〇一年四月三十日《自由時報・副刊》

情慾與謊言

情慾人人皆有，謊言人人會說，蕭伯納在《人與超人》中嘗言：「人生有兩大悲劇：一是失去情慾，一是得到情慾。」情慾委實惱人。慌言未被拆穿時，都算實話；一旦被人拆穿，可能會成眾矢之的，如果說謊的是不該說謊的那種人。那麼，情慾與謊言又有何瓜葛？情慾屬於個人的隱私，沒人希望他人知曉，於是謊言自然成為隨手拿來的遮羞工具。

情慾與生俱來，六根清淨，乃出於後天的修為。斬斷情絲，固然了卻煩惱，總難算是圓滿的人生。但是慾海無邊，如果任其蔓延，很可能傷己、害人，造成悲慘的結果，故不能不節之以禮，約之以法。婚姻關係，即是把人的情慾維繫在禮法的固定範圍內，使其不能任意氾濫。當一個人不能長期以固定的對象為滿足時，現代法律乃允許離婚與再娶及再嫁，可說已經向情慾低頭（天主教就不肯向情慾低頭）。其實婚外情如果不被拆穿，法律並不管，社會也不論，大家都睜一隻眼閉一隻眼，與情慾妥協。

人們所以對情慾的流動如此寬大，正因為人人難過此關。社會上有兩種人，在情慾上雖放肆而不致產生嚴重的後果：一是有錢的人，一是有勢的人。有錢人納妾，已是公開的行為。就是在外包二奶，只要用錢封住老婆的嘴，也一樣無事。有勢的人，利用權勢使對方自願上鉤；即非自願，威勢也可嚇人。社會上的名人也是人，當然也難免情慾的困擾。最好有錢而無名，可以享盡豔福。有勢而無名，就比較難。一旦成為社會名人，行為動見觀瞻，情慾的流動就不如平常人一般自由，因為名人有作為公民表率的義務，此之所以美國總統惹上麻煩的原因。

美國前總統柯林頓之所以惹出大麻煩，還不完全由於緋聞，而是因為他曾經說謊。對一般人而言，扯個小謊，本無大礙。但柯林頓貴為一國總統，恰恰是千萬不可說謊的那種人，否則如何使人民信賴？如果柯林頓被證明真正說了謊，恐怕就得下台，不是因為緋聞，而是因為說謊。

有錢或有勢的名人，按理說緋聞不易外洩，因其比平常人更多防護之道。有時難免外洩者，不是出於愚蠢，就是太過大意。愚蠢在沒有看清對象是何種人物，大意出於頻率過高，所謂多行夜路必遇鬼。有的名人事先似乎愚蠢，事後卻很聰明，趕緊承認錯誤，辭職謝罪，向社會及家人道歉。家人立刻原諒，社會也就不再怪罪，沒人繼續窮追猛打。不幸有的是事先既不聰明，事後更加愚蠢，用說謊的方式逃避責任，那就太小看我們的媒體了，何況現在還有專門揭人隱私的狗仔隊虎視眈眈地守在那裡。平素千方百計挖新聞，都不一定挖得到名人的緋聞、醜事，一旦自己送上門來，又豈肯輕易罷手？

謊並非不可說，但要看出於何人之口，不該說謊的名人不能說，有傷他人名節的謊不可說，需要人民選票的人更不能隨便說。真正聰明的名人自有方法滿足情慾，不會把緋聞暴露，自然用不著說謊；不夠聰明的名人，最好也要做到誠實，以贏取社會大眾的諒解與起碼的信賴。

原刊二〇〇一年六月十八日《自由時報・副刊》

代罪

代罪羔羊在中西文化中均有。不過在西方，由於耶穌為了贖眾人之罪甘願釘死十字架，因此《聖經》上稱耶穌為羔羊，使代罪的羔羊蒙上了一層神聖的光彩。在中國的代罪羔羊卻沒有這麼幸運，既然代罪，始終屬於弱者，譬如臣代君罪，子代父罪，妻代夫罪，僕代主罪，黑社會的小弟為大哥頂罪等等，代罪的一方成為純粹的犧牲，毫無光彩可言。

在人類的社會中，弱者常常是被犧牲的一方。以男女而論，女方便是常常遭到犧牲的弱者。我國古代的昏君，史家經常替他找一個代罪的女性分人民之謗。夏桀無道，史家認為罪在褒姒，商紂無道，史家認為罪在妲己，唐玄宗到了晚年昏庸亂政，需要縊死楊貴妃來為他替罪。現代的毛暴君所造的孽，不是也得殺江青以洩人民之憤嗎？而毛氏仍然保有其尊貴的地位。後來的領導也並非真正有愛於毛氏，只因洞悉人民大眾的心理而不敢輕易攖其鋒也。

即使在西方，女性也常常成為被犧牲者。英國小說家毛姆曾說：「一個女人總準備犧牲自己，如果你給她機會的話。這正是女性特別喜愛的一種自我耽溺的方式。」這樣的話雖然道出實情，但出於男性作家之口，怕要氣炸了當代的女性主義者。

在台灣雖然這些年來男女平權叫得震天價響，事實上女權也大為抬頭，但是女性做為男性的代罪羔羊仍時有所見。過去開空頭支票犯法的年代，各公司行號的老闆、經理時常用老婆的名義開這種犯罪的支票，如果出事，當然由太太出來頂罪。貪污的官吏，贓錢常常叫太太來收，自己故作不知，一旦東窗事發，也可把責任輕易推到太太身上。對這種行為，男方覺得理所當然，女方也覺得原應如此，雙方都沒有異議。如今做官的人喜歡用女性做下手，遇到麻煩事，也有同樣的功效。

每逢社會動亂，經濟蕭條，首先受害的是弱勢族群。最近經濟惡化，失業者眾，婦女特別敏感，多個婦女團體走上街頭，喊出「經濟惡化，婦女受害」、「老公失業，主婦難為」的口號。足見婦女已不願再為男性製造的問題代罪。

男女平權當然是大勢所趨，然而人民大眾的心理卻非一時能夠適應，女性多半也深明此中的道理。聰明的女人即使一時出頭天，掌握到權力，也必十分小心謹慎，以免落入男性的圈套，為人代罪。不夠聰明的女人，自以為已經平權，遂無所顧忌，到頭來成為男人的代罪羔羊，尚不自知！

二〇〇〇年十二月十九日

原刊二〇〇〇年十二月二十五日《自由時報・副刊》

水火無情

颱風帶來的豪雨與土石流固然可怕，火災動輒燒出無數人命與財產損失也同樣驚人。前者是天災，後者卻常常出於人禍。如說天災難防，人禍應該可以未雨綢繆，加以有效的防範。然而事實上，人禍發生的頻率比起天災還要頻繁。

汐止東方科學園區超高大樓的一場大火，焚燒了將近四十個小時方才撲滅，雖然僥倖沒有人員傷亡，各公司的財物損失卻高達數十億元，有的公司更幾近破產，為當前每下愈況的經濟與暴升不止的失業率雪上加霜。

輿論有的怪罪目前的政府救災遲緩，欠缺危機處理的能力。其實防火不力是一個老問題。幾年前，台中威爾康餐廳的一場大火燒死了六十多條人命，事後也曾痛加檢討，但是檢討以後防火策略與設備有沒有改善呢？如果有，以後就不該再發生類似的事故，今天東方科學園區的這場災難應該可以避免了。

今日的都市生活，因為房舍比鄰，人口密集，一旦火起，往往株連鄰里，就難免有人命傷亡。英國倫敦曾經遭遇十八、十九世紀幾次大火，使英國人聞火色變。公家機構關對此特別謹慎。我在倫敦大學執教八年，有兩年休假在外，因此參加過六次防火演習，每年必有一次，絕不懈怠。每次防火演習都有周到的安排，也會事先通知，但不會告知確切的時間。有時正在上課，有時在研究室，忽聞防火警鈴聲大作，大家於是井然有序地按照規定的路徑疏散。每層樓都有幾位同仁負責去敲老教授的房門，以免重聽老人聽不見警鈴聲。平素，教室、走廊、宿舍、餐廳都遍置敏感的測煙器，如有人在附近吸煙，也會引動鈴聲，以致師生都不敢在非規定的場所吞雲吐霧。英國人如此嚴格的防範，仍不能阻止前年國王十字車站的一場大火，死傷不少人。這是從報上看到的。我在倫敦大學執教時，國王十字車站是每天到校的必經之路，如果我不曾回國，說不定已成大火中的亡魂。在我寓居倫敦的那幾年，僥天之倖，都沒發生過傷亡慘重的大火。

返國也有十五年了，這些年中，每年國內都有幾場大火，死人無數。每次都在事後痛加檢討，但事過境遷，也就淡忘了。該有的設備，仍然沒有；該做的檢查，仍然不徹底；該舉行的演習，仍然不做。就以我任教過的幾所大學而論，好像都沒做過一次認真的防火演習。雖然接到過防火手冊一類的宣傳品，人們是否仔細閱讀，閱讀後是否能記在腦中，很成問題。幸虧學校沒發生大火，倘若一旦發生，缺乏演習的師生肯定會亂成一團。

汐止在台北縣是發展最快的地區，不數年原來低窪的濕地已是高樓大廈櫛次鱗比，工商業十分發達。不幸的是，這個地區時常遭受水淹之苦，如今又罹此火難，可謂生活在水深火熱之中。東方科學園區大樓，進駐的客戶多為資本雄厚的科技公司，奇怪的是竟無防火的安全裝備。玻璃帷幕大樓的煙囪效應，雲梯車攀不上二十層以上的高樓，都該是事前清楚的事，何以竟無防範之道？高官平常視察用的直昇機何以不用來高空滅火？令人費解！

在台灣每戶人家為了防盜都把窗戶以鐵欄釘死，遇到火災，逃生無路。特別是父母常愛把幼兒反鎖室內，以致累累成為火災的犧牲品。年年屢見，可是至今沒有解決之道。盜竊固然頻繁，使人防不勝防，火災的頻率似乎也不遑多讓，令人不解的是難道錢財比生命更寶貴嗎？

原刊二〇〇一年五月二十一日《自由時報・副刊》

人情味與勢利眼

高行健旋風似地吹過台灣，臨行時的一句話：「台灣人的熱情使我有衣錦榮歸的感受。」大凡名人來到台灣，都會深深感受到台灣的所謂「人情味」。至於非名人呢，他們如何感受，沒有人去過問，即使他們說出感受來也不會有人在意。

我們身居台灣的居民，沒有感受到特殊的人情味，倒是覺得人們多半長了一雙勢利眼。當你有利用價值的時候，你是眾人的朋友，經常電話不斷，遇事賀客盈門。但是當你一旦遭了殃，不但失去了所有的泛泛之交，原來真正的親友都會離你而遠去。勢利眼是功利主義最膚淺、最世俗的表現，誰都感覺出來，目前台灣的功利主義是非常嚴重的。

高行健不是第一次來台灣，過去至少來過六、七次了，但是從來沒有交到幾個朋友，一般人也並不知道有這樣的一個人，雖然他在台灣已經出了好幾本書，台灣也已演過幾齣他的戲。他的《靈山》十年賣不到一版（高行健自言一年只賣了九十二本），跟如今眾人搶購的情形（短短幾個月賣出十萬冊）判若雲泥。原來不好看的書驟然間變得好看起來了嗎？書還是原來的書，並沒有變，倒是人們的眼睛變了。往下看，當然覺得不好；平看，仍然不夠好；只有在仰視的時候才看得出偉大來。我們通常向誰仰視呢？只有在國外受到肯定的人才會贏得人們欽羨的目光，像馬友友、像李安，像高行健。特別是高行健，戴著百年一遇的諾貝爾文學獎的桂冠，真是光彩炫目，令人暈旋。人們搶著跟他合照留念，搶著請吃飯，搶著送禮，唯恐當事人不肯收下。見過的人都成了他的老朋友，可以說出一籮筐當日結交的經過。甚至我們的高級學府，有的要頒給榮譽博士學位，有的爭相邀聘為客座教授或註校作家，聲明只要肯掛個名就可以，並不需真正執行。這些學校的大門平時連那些頭頂博士榮冠的人都擠不進去的。真是比起「范進中舉」的光景來猶有過之了。

我過去曾經寫過一篇〈我所認識的高行健〉，那是多年前為了「果陀劇場」上演他的《絕對信號》一劇，向觀眾推薦介紹作者寫的。介是介紹了，觀眾仍然不會記得高行健是何許人。如今當然不需要再做任何介紹，走在大街上人人都認識高行健。而且寫這樣文章的人也已經大有人在了。

過去我們的青年人多半是追星族，對會唱幾句歌的滑頭小子或半裸辣妹瘋狂崇拜。現在表現一點對作家的熱情，未嘗不是件好事。問題是作家不是明星，要靠作品而存在，個人的魅力畢竟有限。追星的青年人肯靜下心來好好地讀完一本文學作品嗎？不要說青年人，連中年、老年都算在內，有多少真正的文學讀者？台灣的作家一向是寂寞的，姿態撩人的暢銷作家自然除外。台灣有沒有像高行健一樣棒，甚或更棒的作家呢？即使有，台灣自己人也看不見，得要等待另一個國外的伯樂加以評鑑。

高行健這次的台灣行，嚐足了台灣的人情味，有總統召見、市長宴請，交了無數的朋友，臨行前還去大安公園種一棵樹留念，不知台灣有未任何一位作家有此寵遇？使他可以忘去過去多少次所受到的冷漠待遇，不知他是否因此感受到台灣的勢利眼？也許不會，那要留給落魄的人去感受。

其實勢利眼也沒什麼不好，正因為勢利眼，才使人情味更加濃郁，同時也為這個世界增添許多熱鬧。星雲老和尚說過一句話使我印象深刻，他說：「這個世界是需要熱鬧的。」

二〇〇一年二月十五日

原刊二〇〇一年二月二十六日《自由時報・副刊》

令人擔心的狗仔隊

新聞本是現代社會進步的一大推動力。在民主社會中，毫無疑問人民有知的權利，因此新聞記者的職責就是把社會上發生的重要事件忠實地報導出來。但是，同時人民也有隱私權，使新聞工作者不能不有所節制，以免觸犯了個人的隱私權。

在歐美的民主社會中，有些所謂的「公眾人物」不能不放棄個人的隱私權，以換取社會地位與名聲，譬如政客、明星之流，所以尼克森的水門事件、柯林頓的性醜聞等不能限制記者的報導，因為記者有代表人民大眾監督政客行為的責任。至於明星者流，為了招徠群眾，更會千方百計地引誘記者的注目。對一般的人民大眾，記者就沒有這樣的權利。

英國是今日仍然保有皇室的少數國家之一。二十世紀已經發生過好多次廢皇室的風潮，而終未得償，主要乃因英國大多數人民仍對皇室具有好感，甚至有一種傳統的仰慕、崇拜心理。因此很早在英國，就產生了一種特殊的記者，一天到晚專門緊盯英國皇室的種種活動。皇家當然防備森嚴，輕易不容閒雜人等接近。所以這些記者無不使出渾身解數，或跟蹤，或偷窺，務必找出皇室有值得一寫的新鮮事件，可以向八卦小報賣一個好價錢。這些八卦小報的存在，當然是專門迎合群眾的好奇心理，滿足群眾的偷窺慾，群眾對偷窺皇室尤感興趣。

後來美國好萊塢的明星，富比王侯，聲名猶在英國皇室之上，當然也成為這類記者追蹤、偷窺的對象。這就是後來被戲稱為「狗仔隊」的特殊八卦記者。這些記者專門瞄準名人，對一般人民大眾毫無興趣。他們所採用的手段無不用其極，使名人們非常困腦，但在新聞自由的美名下又無可奈何。英國皇室有幾次提出控告，也都沒有下文。甚至終於釀成戴安娜王妃的悲劇，而仍然無法把肇禍的狗仔隊繩之以法。

香港原為英國的殖民地，一面繼承英國的傳統，一面又模仿美國的習俗，所以狗仔隊出現在香港不足為奇。

台灣社會一向較為樸實，近年來雖然也趨向浮華，哈美、哈日成風，八卦新聞也日漸成為人們消遣的重要資料，但是並無狗仔隊出現。使正規的記者轉行做狗仔，恐怕也需要一番另類的訓練才行。但是由於《明日電子報》的停刊，使香港的八卦刊物《壹新聞》乘虛而入，據說該刊老闆黎智英說預備砸下五億台幣在台發揚狗仔精神，不能不令人擔憂台灣已經日趨浮華的社會風氣恐將要每下愈況了。

狗仔精神是專門為人們的偷窺慾服務的，偷窺慾難說是一種高尚的情操。資本主義社會遇事無不主張疏導重於節制，正如娼妓問題一樣，到底應該開放還是禁娼，始終令人困擾不堪。滿足人們的偷窺慾，還是應有所節制，一樣也是個令人困擾的問題。

二〇〇一年二月二十七日

原刊二〇〇一年三月十九日《自由時報・副刊》

我們離法治仍然非常遙遠

我此處談的是「法制」而非「法治」，因為「法治」馬上會使人聯想到我國以法治人、治國的傳統。法家的學說以及實踐，自古有之。《漢書‧藝文志》收有法家古籍十部，說明曰：「法家者流蓋出於理官，信賞必罰，以輔禮制。易曰先王以明罰飭法，此其所長也。及刻者為之，則無教化，去仁愛，專任刑法，而欲以致治，至於殘害至親，傷恩薄厚。」其中以《商君二十九篇》、《申子六篇》、《慎子四十二篇》及《韓子五十五篇》較為著名，尤其是《韓非子》一書影響尤大。韓非子的言論是獻給帝王的治國之術，先用於秦，再用於漢，遂成為歷代帝王臣相必習的治術。所以我國傳統的法家之術非獨不合今日民主政治中的法制，而且是專制獨裁的有效工具。

民主政治是外來的制度，法制也是外來的制度。西方以保障人權為基礎的法制，也是從十四、五世紀文藝復興運動而後，特別是經過十七、八世紀啟蒙運動的洗禮後逐漸成熟的。英國思想家郝布斯（Thomas Hobbs）的〈論公民〉、〈論人〉、洛克（John Locke）的〈人類理智論〉、〈政府論〉、休謨（David Hume）的〈人性論〉、〈人類理性研究〉、法國思想家孟德斯鳩（Charles De Montesquieu）的〈法意〉、盧騷（Jean-Jacques Rousseau）的〈社會契約論〉、〈論人間不平等的起源和基礎〉等著作都一步步地使歐洲的法制走上「社會契約」和「保障人權」的道路。現代的法制是在政治力以外的一套制度，不但約束人民的行為，同時也約束政府及官吏的行為。對人民並非只在約束，同時也在保障人民的權利。人民有遵守法律的義務，才會享有為法律保障的權利。我國雖然推行民主政治略有成績，但法制至今不彰。沒有法制做基礎的民主猶如建堡壘於沙灘上，經不起風浪的襲擊。

即使在西方施行法制已久的國家，人民守法的程度也有不同。我曾在德國的夜晚看見超越馬路的行人，即使早已沒有車輛，也一定等候燈號轉換才肯邁步。瑞士的公車上，如果有的乘客（譬如外國的旅遊者）走錯了上下車門，不但要挨其他乘客的白眼，甚至會受到喝斥。這種情形在法、義等南歐國家就甚為少見。有人說乃因氣候及民族性的差異，大凡氣候較暖的地區人民比較浪漫、熱情，行為自然不及寒帶人民那麼冷靜嚴肅，對法律的遵守也就不太認真了。

我們地處亞熱帶，我們的人民是否像義大利人一樣的浪漫熱情呢？似乎未必。但我們的不守法，尤猶過之。我常見在機車上攜帶兩個兒童的父母，在大街上不要命地橫衝直撞，甚至視交通號誌為無物。有的人從小路上直衝而出，不管幹道上車流的優先權；有的人當燈號一換搶先在直行車前左轉等等。以此而論，我們的車禍真地不算多。這樣騎車或開車的方式，如果放在遵守交通規則的國家，一定會造成更多的車禍。

法務部陳定南部長指稱國民黨當政時代政府的官員貪墨成性，如今換了民進黨當政，每年至少可節省五百億公帑。現在民進黨上台不到一年，是否真能省下五百億公帑呢？民進黨的官員同國民黨的官員文化背景、養成環境是一樣的，會有什麼不同嗎？別忘了，共產黨在跟國民黨搶奪政權的時候，曾痛詆國民黨專制獨裁、貪污腐化，可是共產黨一旦當政，在這兩方面不是變本加厲尤勝過當年的國民黨嗎？

原刊二〇〇一年一月十五日《自由時報・副刊》

我也要自殺！

在自殺潮高漲的時刻，天天都有自殺的消息傳來，不能不令人震驚。我所居住的城市據說是自殺率最高的地區。有些人自己去自殺也就罷了，還要攜帶幼年的子女，雖然出於不捨的一份愛心，但毋寧等同謀害另一個無辜的生命。被害者與謀害者同時斃命，使法律也無能為力了。

古代的宗教或道德無不譴責自殺的行為，但是《聖經・舊約・德訓篇》也說過：「死亡比辛酸的人生更好，永久的安息勝於不斷的病苦。」捨棄生命當然有不得不然的苦衷。及至存在主義以降的現代思想，就不認為一個人沒有自殺的權利。人既然在偶然中被投擲到這個世界上來，沒有神定的歸宿，也沒有天賦的使命，每個人都為自己的生存負責，有充分的自由來決定自己的生或死。在哲學的思辯上，無可反駁。雖則如此，很少人為哲學上所允許的這份自由而自殺。自殺，多半出於情緒的原因。一個人決定結束自己的生命，並非因為他是個存在主義者，也並非因為他覺得擁有自盡的權利或自由，他死，很簡單，因為他不想活了，儘管他可能是個虔誠的教徒，或是繼承香煙的擁護者。

其他的非當事者，不管是出於同情心，還是出於感受到的威脅，都會熱心的挽救、勸勉，或大聲譴責，說出了一大堆不可自殺、不必自殺、不應自殺，以及世界有多麼美好，活下去有多麼值得，活著比死更加勇敢等等的廢話。為什麼說的是些廢話？因為一個決定自殺的人，不會聽到這些話；即使聽到，也改變不了他自殺的決心。這樣的話他已經想過多少遍了，他自殺的原因都與此無干！

將心比心，如果一場大地震，偷工減料的大樓壓死了我所有的家人，壓斷了我的雙腿，我也要自殺！如果一場豪雨，土石流埋葬了我的親人，摧毀了我一生經營的家園，使我感到前途茫茫，世間再無立身之地，我也要自殺！如果我是個年幼的孩童，我的父母都不愛我，世間沒人正眼瞧我，我也要自殺！如果我是個老人，我的子女都棄我而去，形同陌路，我又疾病纏身，無法照料自己，我也要自殺！如果我是個少年，不幸墮入情網，我的父母橫加干涉，或冷言冷語刺傷了我和我所愛者的自尊心，使我覺得人生無味，我也要夥同我的所愛雙雙自殺！如果我正當青春氣盛，跟我海誓山盟的愛侶突然愛上別人，轉臉如同路人，甚至表現出非常厭惡的態度，使我無地自容，我也要自殺！如果我是個弱女子，不幸嫁給個流氓無賴，吃喝嫖賭不務正業，動輒拳腳相向，還不准離婚，我的怕事的家人又都要我委曲求全，使我感到求助無門，我也要自殺！如果我是個股票族，我借錢買的股票都被套牢，債主日日催逼，妻子埋怨我的愚蠢，我也要自殺！如果經濟繼續惡化，我的公司倒閉，使我頓失所靠，又求職無門，三餐不繼，羞憤難忍，我也要自殺！如果我是政府的高官，素以人民公僕自許，又有廉潔的清譽，不幸終敵不過貪婪之心，也陷入貪墨的醬缸裡，東窗事發，上了報章電視，為千目所視，千夫所指，自覺再無顏面對世人及子女，我也要自殺！如果搶匪橫行，日甚一日，使我出不得門，行不了路，一旦出門，又擔心回家時已被人砸了門窗，，放火燒了房屋，使我天天神經緊繃，精神耗損到無法控制自己的情緒，我也要自殺！如果我所居身的社會族群對立，政治分裂，我又無他處可去，我也要自殺！如果海峽兩岸的領導人都發起瘋來，或者並未發瘋，但欠缺折衝的智慧，終於無法避免一場毀滅性的戰爭，美、日均積極介入，從大陸沿海到美國的夏威夷、加州，都籠罩在核子飛彈的陰影下，台灣更是首當其衝。我不忍見台灣生靈塗炭，也不忍見大陸百姓遭殃，又無法袖手旁觀或隔岸觀火，也只有選擇自殺！

與其大談世界多麼美好，活著多麼勇敢種種的廢話，不如每個人都努力消弭那些使人自殺的真正原因：譬如說營建商拿出良心，營建時不要偷工減料；政府的環保、水利機構認真負責地做好水土保養，使土石流不再發生；作父母的人在生育前好好思考，願不願意愛護子女，負起養教的的責任；作子女的多多關懷年老的父母，使他們不致在年老體衰時還要傷心欲絕；遇到早熟的子女陷入情網，作父母的多一份瞭解，少一份無情的干預；要分手的愛侶，多替對方著想，好聚好散，為對方留些餘地；社會有保護弱女子的機構，被欺的女性不致投訴無門；財政部的官員拿出方策使金融證券正常化，不會流為坑人的陷阱；經濟部的官員想辦法留住外流的資金，不要加深企業的倒閉，失業的續增；政府設有廉政公署，時時檢核官吏的操守，絕不姑息養奸，使政府官員上上下下均有所警惕，不再心存僥倖；內政部、警政署拿出辦法，消弭搶匪、綁匪的橫行霸道；當政者盡力促進族群的融合，懂得政治的妥協藝術，以挽救日漸分裂的社會。兩岸領導人都能保持理性，多聽智者的勸告，落實和平共處，遠避戰禍……

如果這些令人生存絕望的原因日漸減少，那也就不必再費事大談世界有多麼美好，活著有多麼勇敢等等的大道理了。

原刊二〇〇一年五月七日《自由時報・副刊》

讓我們都來賣票！

在資本主義的社會中，金錢第一，為了錢似乎無事不可為。民主選舉本來是達到選賢舉能的最佳方法，可是如今弄成非錢莫辦。鄉下人的鄉長、農會的幹事選舉要錢，城市中的政府首長、議員選舉要錢，中央首長、立法委員的選舉也要花錢綁樁。現在被報章揭露出來，甚至連議會議長、立法院院長的選舉也得要錢，而且要的前更多，動輒上百萬，甚至千萬，是一個小民一生都不敢夢想的數目。

本來人人都可參與的選舉，如今竟流為有錢人的遊戲。過去成功大學有一位同事，對政治非常熱中，為了選立委，賣掉兩所房子，結果並未選上。此人是大學教授，又有博士頭銜，為人能言善道，不能說不是較佳的人選，為什麼選不上呢？無他，兩所房子的錢太少了耶！更有錢的人大有人在。當然，有錢的人不一定壞，沒錢的人不一定好，沒有理由拒絕選出富豪當政。反正如今的候選人一定都是富翁，阮囊羞澀的人連製作廣告、旗幟都難，還談什麼競選呢？即使自己無錢，也要靠財閥的支持，當選才會有望。但是大家也明白，做官也好，做人民的喉舌也好，都像做生意一樣，為的是小錢變大錢，大錢變成更大的錢。縱然本身已經富甲天下，也依然企望富上加富，總之，沒人肯做賠本的生意！那麼在選舉的時刻用以買票的投資，都得在當選之後加倍地賺回來。至於如何賺，那就八仙過海各顯神通了！如果用的是財閥的錢，沒話說，當選後必得以其他方式回報。

話又說回來，不買票的選舉就能保證當選的人清廉自持嗎？答案是不能！過去科舉制度的時候，即使憑真本事考中做官，不是也有句俗話說：「一任清知府，八千雪花銀」嗎？可見自古的清官與貪官之間，常常不過是五十步與百步的差別而已。因此，清廉的選舉也無法保證選得出既有能力又清廉的議員或官吏。

有錢的候選人，不用說都是受過相當教育的人，依常情而論其教育水準與知識程度都高於一般的選民，如果他們敢於非法買票，又何怪選民敢於非法賣票呢？倘若連樹立國之大法的立法委員都不以買賣選票為忤，又何怪舉國上下都會明盤暗盤地進行賄選的勾當？

如何來扼止賄選，掃除黑金？在目前的風俗習慣下真是毫無辦法！說實話，連檢查賄選、承辦抓賄的人員都難保完全乾淨。唯一的辦法，也許是以毒攻毒，讓我們大家都來賣票吧！不管哪位候選人的奉獻，選民們照單全收，誰的價碼高，咱就選誰。當然人民有不亮票的自由，花了錢，選不上，也怪不得選民。如果有一天候選人發現當選與否與花錢多少並沒有必然的關係，根據「生財有道」的原理，也許候選人就不再去花冤枉錢了吧？

原刊二〇〇一年五月十四日《自由時報・副刊》

詩人變流氓

秋天在台灣一段日子，趕上藍綠兩個陣營又因地方選舉而起的激烈鬥爭，每日總有揭發不完的弊案。立法院中尤其熱鬧，官員與立法委員互罵，委員與委員互毆。檢調單位也十分忙碌，加緊調查高雄捷運與總統府裡的種種弊端。忽然有一日，連行政院長都接到恐嚇的電話，以台灣解放聯盟的名義威脅要殺他全家。

行政院長的安全受到威脅，非同小可，警察發揮了空前的辦案效率，不到兩天就抓到了嫌疑犯。然而出人意外的，這威嚇院長的流氓竟是有名的詩人杜十三！

威嚇殺人，的確是流氓行為，任誰也不會與詩人聯想到一起，因此舉國大譁。熟識詩人的朋友，有的不肯相信，有的雖相信，但不明白詩人怎會有如此失格的行為，特別是據說這位詩人一向是民進黨的支持者，怎麼忽然大轉彎成為要格殺執政黨行政院長全家的惡棍呢？

的確，這些年來台灣人民的生活越來越艱苦了，工廠遷移的遷移，倒閉的倒閉，失業人口直線上升，社會上充斥著欺詐、綁票、殺人等暴力行為。對他人兇狠，對自己也不留情，燒炭、跳樓、上吊自殺的人也無日無之，甚至發生通過網上聯繫集體自殺的事件。據報載，目前台灣每兩小時就有一人自殺身亡，委實驚人！但身居高位者不為所動，仍然只會說大話、搞選舉、炒股票、出國旅遊，A錢抓權，全不把治國與民生放在心上，以致原居亞洲四小龍之首的台灣在短短的數年間已經遠遠落在四小龍之末了。

看在人民的眼裡，原來那一股期盼民主的眼神漸漸模糊起來，方才警覺到那句「權力使人腐化，絕對的權力造成絕對的腐化」的老話，還真不可動搖。過去的國民黨與共產黨都曾經是有理想的革命政黨，後來也都擺脫不了「權力造成腐化」的銘言，民進黨也不例外，只是未免來得太快了！

TVBS事件使人看到原本口口聲聲保障新聞自由的政府，竟忽然露出猙獰的面目積極打壓言論不利於己的電視媒體。如今多半的媒體都與官方同一聲腔，代表社會良知又特別敏感的知識份子，怎能嚥得下這一口怒氣？於是乎做出了不理性的行為。

詩人也是人，如果環境使他不再有作詩的心情，甚至威脅到他生存的權利，也會做出不理性的事。幾年前一心擁護民進黨的中研院院長李遠哲不是表示失望了嗎？原民進黨的主席施明德和另一個民進黨的主席許信良，早已大失所望，雙雙黯然離去。本來同情民進黨的著名作家，像南方朔、楊照以及參加過中正紀念堂民主學運的知識份子，一個個改變了態度；原民進黨的國代變成國民黨的發言人；擔任過民進黨宣傳部長的陳文茜號召一群不肯同流合污的原民進黨員天天在電視台圍剿政府官員的貪瀆與無能。這次縣市長選舉的慘敗，也說明台灣的選民畢竟不都是愚民。

今日，既然反對者多半也屬於河洛族群，同時服膺當政者的也有「外省」份子（譬如外省獨立聯盟的成員），所以藍綠的之分或統獨之別，已漸超越族群間的對立。在這樣的環境中，一向支持民進黨的本土詩人杜十三忽然施出流氓的手段，也就不足為怪了！

二〇〇五年十一月十五日

原刊二〇〇六年二月八日《世界日報・世界副刊》

卡奴的命運

最近兩年在台灣出現了「卡奴」這麼個新名詞，以前在此沒聽說過，在香港、日、韓等亞洲地區以及歐美等國都沒聽說過這個名詞。卡奴，顧名思義，乃「卡」之奴隸也。此卡非一般之卡，乃專指銀行所發之信用卡而言。用銀行的信用卡，使用的人本該是信用卡的主人，如何反成為信用卡的奴隸呢？這就是台灣這幾年中特有的現象了。

我們知道在最先使用信用卡的歐美諸國，必須在銀行的眼目中有信用的人才可持卡，譬如銀行裡有存款，或有正當的職業及收入的保證才能取信於銀行。不知為何，最近幾年台灣的各銀行競相發卡，信用卡外，還有現金卡，不但條件寬鬆，而且還要向申請者贈送精美的禮品或提供額外的服務，並以積點回饋的方式吸引群眾持卡。結果據說台灣有一半以上的人口成為持卡者，有的人甚至同時持有不同銀行的數張或數十張信用卡。信用卡既然如此容易申請，持卡後又可以貸款的方式消費，有節制的使用者自然是適可而止，沒有節制的使用者，可就得其所哉，先花了再說。社會中總有一批無所節制的人，平常連地下錢莊的高利貸都敢借的，如今有銀行肯於周轉，豈肯放過機會？於是不知不覺間就欠下銀行的不少債款，需要高利償還。如果債款越積越多到了無力償還的時候，只好用另一家銀行的信用卡貸款來償還前一家銀行。如此惡性循環，一兩年間很可能就欠下數家銀行可觀的債務，越發無力償還了，於是才成為所謂的信用卡的奴隸！

銀行雖然不是地下錢莊，有時候對待卡奴也一樣厲害，先是緊迫催債，如果沒有結果，就委託討債公司代討。經營討債公司的人非他，有些就是地下錢莊的同一批人或來自黑社會的人物，討起債來，手段毒辣，無不用其極，甚至把欠債者逼上一條死路。報載，去年因無力償債而自盡的卡奴多達四十餘人，而今年更甚，兩個月中已有三十二個卡奴死於非命。這還不算一個嚴重的社會問題嗎？

奇怪的是目前的政府有關機構，像財政部、金管會等卻視而無睹。

對銀行而言，只在乎盈利的統計數字，如果使用信用卡的人愈多，向銀行貸款的人就愈多；貸款的愈多，利息就愈龐大，那麼銀行就有利可圖了。至於相對的少數因欠債而走上絕路的人並不在銀行的統計數字之內，最多成為呆帳而已。如果因多發信用卡而獲得的利息盈餘大於呆帳，就可繼續實行；除非卡奴自盡的比率超過了銀行可容忍的程度，銀行才會收斂。

兩個月中已犧牲了三十二條生命還不算嚴重的社會問題的話，真不知什麼才算嚴重的社會問題了！這個責任不在唯利是圖的銀行，雖然銀行也有對無節制的人士架設陷阱之嫌，但銀行不是慈善機構，開設銀行的目的就是賺錢嘛！然而銀行的政策如果有所偏差，違反了社會的正義或危害到人民的生命，為人民所豢養的政府機關就有加以導正的責任。如今時間過了一兩年，犧牲的性命越來越多，政府的財政部、金管會，這些指導銀行經營方向的機關竟像睡著了一般，也算是二十一世紀號稱民主社會的一項奇聞了！

二〇〇六年二月二十六日

原刊二〇〇六年三月八日《世界日報・世界副刊》

慾望的力量

如果人類的起源不是孤獨的動物，而是群居的集體，那麼從人類文明的開始，就必定在集體生產和集體分配之上有一種維繫集體和諧的政治和道德力量。

若無此政治和道德力量的規範，人類的社會勢必陷入弱肉強食的的叢林規則。這種政治和道德的力量，在進入可印證的歷史階段，在我國是「君主制度」和「宗法制度」中的長幼有序，以及後來孔、孟所提倡的仁道和義利之辨；在西方主要則是基督教的巨大影響。《聖經》明言「貪財為萬惡之源」，戒令富人不可貪非分之財（見《新約・弟茂德前書》）。佛教傳入中國後，也一樣地告誡世人不可貪婪，鼓勵施捨。人的慾望一直是被道德力量抑制著的。

各大宗教的智者之所以如此諄諄地告誡世人，說明了唯利是圖與各利其利本是人類原有的共同慾望，若不給以有力的壓制和疏導，必定成為社會的亂源。然而慾望的力量畢竟是巨大的，它左衝右突，終於在西方世界找到了一個出口：資本主義。

是的，資本主義不但承認各利其利的合法性，而且鼓勵累積資本，且不完全排斥巧取與投機（例如股票市場）。與資本主義相伴而生的民主政治與自由經濟，其實也是暢達人慾的管道，使人的慾望在法律保障下獲得更大的滿足。在先資本主義強有力的道德教條的束縛下，資本主義之所以能夠獲得勝利，韋伯（Max Weber）認為是由於清教徒的倫理偶合了資本主義的精神，所以資本主義首先出現在信仰新教的國家。韋伯的批評者們又說豈知不是資本主義的精神修正了清教徒的倫理？如果慾望的力量大到某一個程度，政治與道德都不得不跟著修正，以便使人類的慾望合理化。資本主義的發展似乎印證了這樣的一種立場。

綜觀十八世紀以來的資本主義，雖然人類的慾望獲得大幅度的伸張，在政治上由君主轉變成民主，宗教的力量也日漸式微，卻並未完全破壞社會的秩序，反倒以法律的力量維繫得更好。所以資本主義社會似乎是目前人類所經營的最合乎人性的社會。那些素以道德高尚、社會秩序井然著稱的社會主義國家，反倒經不起資本主義的衝擊，一個個地相繼垮台，不得不變成過去曾經撻伐不遺餘力的走資派。資本主義社會中人的慾望既然不再受道德的制約，那麼靠什麼來維繫社會的正常運作以及人間的和諧呢？答案是靠法律！因此在資本主義社會中，法律已取代宗教、宗法、政治以及所有在過去發揮過制約功能的道德力量，成為今日資本主義社會中主要的制約力量。美國總統羅斯福嘗言：「無人在法律之上，也無人在法律之下，當我們要求一個人遵守法律的時候，我們不必得到他的許可。」社會中雖然存在著財富的多寡，社會地位的高下，聲譽的隆替，在法律上卻不准有特權，不但一般人民在法律之前一律平等，掌握政治權力的最高統治者也不例外。你看，美國的歷任總統，不會把神父、牧師放在眼內，但卻獨怕法官。當他們心中不顧道德的時候，宗教拿他無可奈何，最後他卻栽在法官的手裡！

今日台灣實行的是資本主義，當然也實行著自利其利和巧取投機的基本原則。ＩＱ高，賺大錢是天經地義的事。我們教育的排行榜，其實以未來收入的多寡為準。父母鼓勵子女學醫，與其說是為了濟世救人，不如直截了當地說是為了多賺錢。人們在股市上賺一大票，大家只有羡慕，不能像孟子一樣地來責以大義。這是合法的利益。至於非法的巧取豪奪呢？像官商勾結、貪贓枉法、工程圍標、地下錢莊、黑道老大、綁票勒贖、監守自盜、金光神棍、偷搶詐騙、聚賭抽頭、惡性倒會、老鼠直銷等等，各種花樣無奇不有，都不過為了一個「貪」字，一個「財」字！為了錢，未成年的兒童也可出賣自己的肉體；為了錢，狠心的父母把子女推下火坑。這許多許多資本主義的副產品，豈止是一個亂字了得！

慾望無限的伸張，平衡慾望的法律卻尚未建立起尊嚴。如此多的非法，可見法律在台灣所起的作用不大！如果說我們的資本主義已有八分成熟，與其配套的法制還不到四分。在西方，法律之前人人平等，到我們這裡，非但在上位者享有「制外法權」，一般小民也競相以徼逐特權為尚。任意侵犯交通規則，就是蔑視法律的具體表現。在市府禁倒垃圾的牌告下丟棄垃圾，不是故意向法律挑釁嗎？這些日常見慣的事，人們都以為是細微末節不加追究，以致造成一種人人目中無法的習慣。只看到慾望的橫流，卻看不到節制慾望的法律，難怪台灣為外人稱作「貪婪之島」了。

人說：有什麼樣的人民，就有什麼樣的政府。同理，有什麼樣的人民，就有什麼樣的執法者。在人人目中無法的環境薰陶下，要求執法的人客觀公正、不畏強權、不貪不佞、毋枉毋縱、也就戛戛乎其難了。

人慾正在發揮著它的威力，倫理道德因落伍而被拋諸腦後，法律又如此軟弱無力，如何來平衡人們的慾望，遏制社會的亂象呢？

我目前還沒有答案！

原載一九九八年十月《文訊》第一五六期

我的第五個困惑

期望社會的清流可能是一種奢侈。但是社會風氣為什麼這麼下流？資本家任意傾倒有毒的垃圾，污染我們的河川與大地。建築商偷工減料，不顧居住者的死活。選舉時，候選人都想用金錢來收買選票。遇到水火天災，政府官員無力應付，上下推卸責任。至於一般人民，不顧交通規則，大家都想搶在別人前面，絕不禮讓；只要不在自己門前，任意傾倒垃圾，不會顧慮公共的環境衛生。甚至掌握立法權的立法的委員，打起架來，可以把人打成腦震盪。社會的秩序何以如此日趨惡化？

在眾人皆貪，無人守法的社會中，能選得出清廉守法的官員嗎？

六、親情與父權

親情何價？

繼小慈控告父親遺棄之後，又有小鏡控告母親遺棄可見遺棄子女的並非獨有男性，女性也不後人。

親情固來自天性，但同時也受到社會習俗的制約。我們一般都有種成見，認為母愛多出自天性，而父愛常常來自社會的規範。鑑於去年動物園中國王企鵝孵卵時，公企鵝似乎比母企鵝還要盡責，也很難否定自然界中雄姓也有關愛後代的天性。不過雄性不像雌性可以直接確認自己的後代，如不經過DNA的化驗，則只能依賴推理與猜測。瑞典劇作家史特林堡正是以此作為《父親》一劇的主題，劇中的母親故意挑起父親對女兒是否己出的疑心，那時候還沒有DNA的檢驗知識，父親果然掉入母親所設的陰謀陷阱，而終導致精神崩潰。

由於男主外，女主內，習以為常，在任何國家大概直接養育子女的責任多半都落在女性的身上，因而才會產生母愛勝於父愛的感受。在有些習俗中，男性的確表現得很不盡責，譬如在墨西哥，男性常常在結婚生子後感到不勝負荷之苦，便溜之大吉，然後到一個陌生的地區再另起爐灶。一個男人一生之中可能在好幾個城市留種，而不必負實際的責任。那麼養育子女之責就不能不落在婦女的肩上，出於一己肚腹的生命，真是責無旁貸！

在我國的文化中，因為強調父權以及香煙傳承的關係，再加以聚族而居的習俗，過去一般少見不肯承擔養育子女（至少經濟上）責任的男性。如今父權以及香煙承傳的觀念日漸淡薄，也早不再有聚族而居的可能，一切社會的約束力俱皆鬆綁，是否肯於表現「親情」，就全繫於個人的感受了。

在一切講求投資報酬率的資本主義社會，養育兒女是最不可靠的投資，不但養兒防老的預期難望實現，如果不幸遇到逆子，老來還要受他們的折磨；甚至連老命都難保。所以今日也有不少「明智」之士拒絕生兒育女，落得一生輕鬆愉快。如今避孕之道甚多，也輕而易舉；偶有意外，尚可求助於墮胎，雖說違法，又不人道，比之於生而不養，尚多出一份擔當。選擇不生，屬於個人的自由，無可厚非。

然而大多數人並不如此「明智」，仍難脫傳宗接代的生物本能，或過於執著於「不孝有三，無後為大」的古訓，總以膝下空虛為憾。不孕夫婦。甚至千方百計求神問卜，不惜借種代孕，唯望一償為人父母的夙願。既然出發點在於滿足一己為人父母的慾望，照理就不能任意脫卸扶育的責任。事實卻又不然，生而不養者有之，養而不教者亦有之，致使單親家庭、棄兒以及問題兒童充斥人間。該怪的是誰呢？

子女控告父母，雖似有礙人倫，然而為人父母者既然不顧親情在先，焉望子女心中不生怨尤？訴之於法，未嘗不是一種既解恨又實際可行的辦法。在一個法制的社會裡，與其容許個人的恨惡之情任意蔓延，莫若通過法律解決任何人際的紛爭。

原刊二〇〇一年四月九日《自由時報・副刊》

父權的傾覆

如過去的世界是由父權主導的，我國算是標準的模式。特別是在聚族的時代，族長與政治上統治的君王相表裡，具有至上的權威。每戶人家，最老的男性是當然的戶長，可以發號施令，操有獎懲的大權。

對父母的孝道，也是父權至上的一種表徵。過去在我國的社會中，並未彰顯養育子女的重要性，故從未發展出《育兒手冊》一類的教本，唯獨把「孝」擺在倫理教育的第一章。除了孔、孟先哲念茲在茲的都是如何對父母盡孝，我們還有《孝經》以及今日看來很不近人情的民間二十四孝的故事（諸如王祥冰魚、郭巨埋兒、曹娥投江之類）。如果有人膽敢對父母不敬（不要說虐待父母），族中就會加以制裁；甚者，官府也要主動究辦。

當今的世界潮流走向顛覆父權的道路，首先民主與自由的觀念解構了父母的威權，其次，女權運動也衝垮了男性沙文主義的堤防。我們置身在此洪流中，早已向父權宣戰，居然也選出了年輕的總統與女性的副總統，足見今日在我們的潛意識中老人文化逐漸褪色，使我們也脫出了絕對父權的陰影。但是父權傾覆後尚有人權與親情，不容任意踐踏。雖然父母對子女不該具有絕對的威權，但並不表示父母就該受到子女的忽視，甚至虐待。同理，反對大男人沙文主義，並非意味著就該提倡女人騎在男人的頭上。

一個生育了六個子女的八十八歲的老阿嬤竟然被兒子踢斷了腿骨！兒子一面踢還一面恨恨地罵：「你為什麼不去死？」六個子女眼看著老阿嬤餓成只剩二十九公斤的皮包骨，渾身生滿了褥瘡，居然都無動於衷！直到社工人員發現，加以救助，才成為社會新聞。老阿嬤不願回家，但留在養老院是需要付費的，有兒有女的人（產業恐怕已到子女手裡了吧），應該把責任拋給社會嗎？恨不得母親去死的這些兒女們肯不肯為母親付費呢？

如此對待父母，倒不如像林清岳似地亂刀將父母砍死，以免受如此活罪！這樣的事件並非個案，而是隔一段時間就發現一樁，社會中隱藏著的此類不幸的老人家不知道有多少？對這樣的子女，鄰里（已非族群）無能為力，輿論發揮不了實際效用，法律也無法制裁，只能寄望子女們自己天良發現。問題是，如果他們還有點天良，父母也不會遭此不幸了！

父權的傾覆自然是進步的現象，但是如果連為人父母的人權以及親子之情也一併傾覆了，人性中還存留些什麼呢？

原刊二〇〇一年五月二十八日《自由時報・副刊》

弒父與孝親

古希臘底比斯國王伊狄普斯，出生之後為神諭預言長大後命定會弒父娶母，底比斯先王雷爾斯夫婦認為不祥，命人棄之荒野。不意負責棄嬰的牧人一念之慈，交與鄰國牧人收養，而輾轉被無子嗣的柯林斯國王收為養子。既長，又聆聽到弒父娶母的神諭。伊狄普斯誤以為養父母為親生父母，為避此災難，逃離柯林斯國。哪知道在逃亡途中為爭路殺死了自己的親生父親底比斯先王雷爾斯，後來又解開了在低比斯國為患的獅身人面獸的謎語，消弭了該國的大難，依照約定娶寡后為妻，成為底比斯國的新王。伊狄普斯終究難逃神諭，犯下了弒父娶母的滔天大罪。為了自我懲罰，伊狄普斯國王刺瞎雙目，浪跡天涯。這個傳說在公元前六世紀希臘悲劇家蘇佛克里斯撰寫成戲，搬上舞台，震驚了無數希臘觀眾。又過了兩千多年，維也納的心理學醫生佛洛伊德從其中獲得靈感，演繹出「戀母情結」（又稱伊狄普斯情意結），在西方被認為是男性生長過程中的普遍心理。

除了弒父以外，希臘悲劇中尚有奧瑞司底斯為報父仇弒母的情節，顯然違反了仇父戀母的情結的所謂普遍心理，佛洛伊德以及其他的心理學家似乎並沒有加以演繹。

佛洛伊德的「戀母情結」過去在我國未曾聽聞，也找不到弒父娶母的例證。倒是在我們古代的傳說中有大舜孝親的故事。舜的父親瞽叟愛舜的後母所生的弟弟象，不愛舜，千方百計地想除去舜。一次命舜修理倉房的屋頂，等舜爬上屋頂後，瞽叟撤去梯子，企圖把舜餓死在倉頂上。幸而舜利用斗笠飛下，未曾受傷。又一次命舜挖井，等舜入井後，瞽叟與象把井口填塞，企圖悶死舜。幸而井底有旁道，舜得不死。但是不管瞽叟與象對舜多麼無情無義，舜始終不改其對父親的孝敬之心、對弟弟的友愛之情。是否真有其事並不重要，重點乃在古代形成如此的傳說，且為人津津樂道，足以證明當時人們的共同心理，可惜我們還沒有心理學家從中汲取靈感。

依照佛洛伊德的弟子容格的看法，每一個族群都有其特有的「集體無意識」，透過古代的神話、傳說，使吾人認識到此集體無意識的存在。若說「弒父娶母」是希臘族群和繼承希臘文化的族群的集體無意識，那麼「孝親」則可能是我們中國人的集體無意識。我國自五四以來的文化漸漸西化，人們的心理也逐漸轉向西方式的思考模式，會不會徹底地改變了我們的集體無意識？今日毆辱父母的逆子屢見不鮮，甚至成為殘殺父母的兇手，像林清岳之流。如說他們是由伊狄普斯情意結的作祟，可是他們連母親一起毆辱或殺害，毫不戀母呀！

如今社會上的棄老、厭老之風，遠勝於尊老、敬長的故俗，連知識份子都不以輕蔑前輩為意，在這方面可說尤超過西方的文化。難道這也是我們的現代化嗎？

原刊二〇〇一年六月四日《自由時報・副刊》

憶樺的歸屬

去年四月在美國邁阿密發生了古巴難童伊利安的歸屬問題，今年在台灣也發生中巴（巴西）混血兒吳憶樺的監護權之爭，二者都不僅侷限在個人私領域之內，而大有擴大為國與國之間的問題。所不同的是古巴與美國是敵對的兩國，中華民國與巴西並沒有敵對的關係；伊利安到美國有所謂投奔自由的象徵，吳憶樺到台灣只為了探親而已。按理說吳憶樺的案子簡單的多，但是中巴雙方的親屬竟也陷入緊張的僵持中。

在今日競相拋棄老人、棄嬰，甚至凌老、虐幼的時代，雙方的親屬為扶養失去父母的孤兒憶樺各不相讓，倒也算是件美談。既然都是為了憶樺的利益，最後弄到撕破臉，對簿公堂，那就毋寧變美談為憾事了。如果再經雙方的媒體加以各具立場的炒作，也並非不會掀起巴西的民憤，認為我國扣留了巴國的人民。

按照中國的習俗，吳憶樺是他父親的獨生子，有繼承香煙的義務。憶樺的叔父吳火眼為了對哥哥盡責，留下憶樺，並非無因。不幸的是繼承香煙一項並未包括在現代的民法之內。按照現代法律，失去父母的孤兒，祖父母與外祖父母都是直系親屬，在監護權上本優於旁系親屬的伯叔、舅舅、阿姑、阿姨，何況憶樺的父親在生前已經將自己的監護權轉讓給憶樺的外祖母。因此遠從巴西來的羅莎女士有絕對的法律優勢，所以對吳家才會表現出悻悻然與不太諒解的態度。

過去古巴男童伊利安雖然被母方在美國的親屬強行留住，並堅決認為留在美國完全符合伊利安的利益，然而最後終敵不過法律的力量。雖然古巴是美國的敵國，美國司法部長也不得不下令聯邦調查局的幹員採用凌晨突襲的手段，將伊利安強行奪走，交給由古巴專程來美的伊利安的父親。這樣的手段是否合宜可以討論，但依法辦事的精神證明美國是一個法制的國家。如今憶樺的外祖母專程由巴西來台，足見其對外孫的監護權沒有放棄的意思。憶樺的父親生前將監護權轉讓給外祖母，也足見在憶樺父親的眼中，憶樺的外祖母也是堪足信任的人選，甚至強過於漂流不定的海員自己。加以憶樺失母之後，與外祖母相依為命，那一份親情，又豈能輕易容外人拆散？如果憶樺並非大筆遺產的繼承人，雙方的監護權之爭，則完全出於愛護憶樺的善意。憶樺的年紀，正如伊利安一樣，尚無獨立判斷的能力，故需要監護人代為籌謀。為憶樺著想，到底台灣還是巴西是更適合兒童成長的環境？值得雙方仔細研究。在何地成長，對未來憶樺的命運至關緊要。巴西雖非富有之地，但台灣的青少年教育也時常令人搖頭，不然怎會有大批小留學生遠離自己的父母到海外就學？如果雙方的生活環境在客觀評估之後，真正一方優於另一方，基於憶樺的利益，當然有進一步討論的空間；不然依法辦事，憶樺實應回歸外祖母身邊，除非羅莎女士被證明健康狀況有問題，不適合承擔監護人的重任，或者羅莎女士自認憶樺的叔父更能提供強於巴西的生活與教育環境。

最好的結局當然是不必走上法庭。為憶樺著想，不應使親家變敵人。也許憶樺在成長的過程中，兩邊各住些年月，吸收雙方的語言與文化，對憶樺的未來未始不是種一般人難求的機遇。

原刊二〇〇一年七月二日《自由時報・副刊》

我的第六個困惑

以前我們總認為中國共產黨摧毀了傳統的倫理道德，才會發生文化大革命中諸般逆倫的事件。相反的，在台灣保持了固有的文化，尊長、孝親仍然視為社會的正常規範。然而，事實上並非如此！在台灣近年來所發生的弒父虐親的事件似乎更為頻繁。是資本主義化走得太快了嗎？還是居高位的當政者為人民大眾做了太壞的榜樣？

七、學院與學術界

信仰的危機

信仰是人類文化的重要組成部分，自人類有文化開始，就有信仰。信仰並不專針對宗教而言，對政治思想、傳統習俗、社會制度的恪遵不渝，也是一種信仰。例如我國人的敬祖與盡孝，與其說是出於宗教情操，不如說是來自維繫傳統制度的一份虔誠。當你認為在任何情況下都不可以違背敬祖與盡孝的時候，就形成了一種信仰。

宗教中的信仰並非出於邏輯思辨，而係來自直覺，或者說來自人類深沉的陰暗意識（潛意識、無意識）；信仰上帝，並不以證明上帝的存在為先決條件。政治信仰看似出於理性的思辨，其實更多的因素來自個人的性向與機遇。法西斯與共產主義的信仰者所表現的非理性與反理性也已經是有目共睹了。信仰敬祖與盡孝也是一樣，並不一定先要找出敬祖與盡孝的道理，只須繼續先人的傳統，信仰而遵行就好。可是，如果我們稍稍留意當前社會的變化，就不得不悲哀地發現這種對敬祖與盡孝的信仰正在飛快地流失中。社會中每日都會發生的綁票勒贖、強暴殺人等種種作奸犯科之事，豈是具有敬祖信仰的人做得出來的？每日報章電視所披露的無家老人，以及毆辱，甚至殺害尊長的不肖子孫，又豈是具有盡孝信仰的人做得出來的？非但對上代的長輩失去敬愛之心，對幼年的子女也竟無關愛之情，施虐者有之，任其流落街頭不加過問者有之。這些不肯承擔任何歷史承傳或血系責任的人，縱然有種種藉口，似乎已經不再在意先人所謂的「人之異於禽獸」的關鍵所在了。

反諷的是，一面傳統的信仰正在流失，另一面怪力亂神的信仰卻在增長。像宋七力、妙天、太極門以及預言世界末日的一些教派，其教理及言行顯然違背著起碼的理性認知，竟然獲得大批的信徒，甚至政治領袖在內！可見世人追求信仰的熱情未曾稍減，只是信仰錯移了方位。

韋伯（Max Weber）以降的社會學家都以為近代各國的現代化是理性發展的自然結果，但是也都同時發覺理性畛域的侷限性。我國五四運動時期在經受西方思潮的衝擊後，倡導民主與科學，自然是出於理性的思辨，對於封建傳統的質疑也不能說不是發自理性的反詰。那時候對孔子十分不敬，對傳統的倫常均視之為封建道德，以儘速除之而後快。不錯，君主時代對帝王的愚忠的確有違現代的民主；二十四孝中所揭櫫的割股、投江、埋兒等愚行也的確違反著現代人合理的行為。不過，忠與孝以及敬祖的制度既然在我國的社會中遵行數千年，從社會的結構作用上著眼，做為上層架構的規範性的行為，絕對不是節外之枝，而是相應於下層架構而生。落實了說，敬祖制度與忠孝作為觀念和行為，本為宗法制度的核心，而宗法制度又與農業生產及聚族而居的小農經濟相應。雖然現代的台灣社會已日漸脫離小農經濟，但若說進入工業社會的中國人，在觀念與行為上已與宗法制度無干，則是令人不可思議的事。西方國家早已進入工業社會，但至今並未拋棄工業化以前的宗教信仰，可見現代化並非意味著連根割斷。因此，對我們當前的社會而言，過早地拋棄敬祖與盡孝，毋寧等於潑棄洗澡水時連孩子也一併倒掉了。這正是不經意地破壞傳統，過早地流失信仰造成社會失序的原因。

現代化所追求的自然科學、應用科學以及社會科學，的確達到了高度的成就，擴大了我們的理性視野。然而理性仍然有所侷限，正如以理性為基礎的科學不能解釋一切，信仰（包括信仰宗教、信仰傳統以及信仰科學）仍在人們心靈中成為理性以外的另一種選擇。科學家同樣可以崇信宗教，說明了二者並非互斥，而是相輔相成，以達到內心的和諧與平衡。信仰既是人們內心和諧的重要組成部分，流失了某些信仰，會在其他的方面補償回來，這就是為什麼如今大廟小廟如此之多，神棍、騙徒到處橫行的原因。

信仰其實也是一種執迷，沒有執迷便難以有信仰。當然執迷並不限於信仰，好色、嗜賭、貪權、戀財，也都是種執迷，不過信仰的執迷是另一種境界。宗教信仰多半用力於破除執迷的弔詭上。一個人的理性有限，如沒有信仰，必有執迷；但是有信仰的人並不保證沒有其他執迷。信神的人一樣可以貪權、斂財；信佛的人也並非不可能好色、嗜賭。如今的神棍常常是財、色兼貪；信仰神棍的人也常常正因為先已陷入某種執迷。執迷，其實就是心眼的盲點，一任欲望的驅策，視而不見，聽而不聞，就是所謂的「耽溺」或「沉迷」。戒色、戒賭之難，人所共知，戒信邪祟之難，人尚未知。宋七力、妙天、太極門為什麼可以招攬眾多的信徒？其中必有某種慾望的誘因，令人沉迷。所謂的邪祟，也正因為欠缺了正當宗教的用力破除執迷的境界。信仰某一教派的人，不會懷疑該教派的教義與教主的言行；同樣，一個執迷於信仰傳統的人也可能成為一個封建意識濃厚的腐儒。但是，信仰傳統，至少有數千年的經驗作後盾；信仰邪祟，則需要個人承擔冒險的後果。這正是當前信仰危機的主要課題。正大的宗教早已參透這一點，所以不能不在破除執迷上下功夫。今日新儒家的著力點，也無非是用在肯定敬祖與盡孝及破除愚忠愚孝諸題之間耳。信仰既然並非出之於理性，而理性卻是主導人類前進的主要力量，那麼如何信仰及如何在信仰與理性之間取得一種平衡，就成為人生的一大學問。

一九九八年八月二日寫於溫哥華

原載一九九八年九月《文訊》第一五五期

禁慾、開放與耽溺

立法委員顏錦福在立法院教育委員會質詢教育部長林清江時，拿出中央大學的英文試卷，認為考題充滿色情，毋寧在挑逗學生的情慾。中央大學出題的英文系系主任林文淇教授則辯說這是「從英文性趣到英文興趣」一課的考題，該課的內容就是研讀美國的色情刊物。同時林教授也宣稱，教授有決定課程內容的自主權。

這次被報章稱作「另類英文課」的事件，至少說明了我們的社會已經從禁慾走向開放。像這份試卷的句子，早幾年一定會認為不堪入目，只能在色情小說或色情刊物中出現，怎可進入大學的講堂呢？

禁慾本來是諸多先進文明的共同特點。我國宋代理學昌盛以後的社會、法、意等國的天主教文化、英國的維多利亞時代、美國的清教徒社區等多少沾染了禁慾的色彩。但是在禁慾的同時，必定有其反動的力量，譬如在禮教仍然盛行的明清兩代，竟產生了《金瓶梅》、《肉蒲團》等露骨做性事描寫的說部，在天主教文化中出現過薩德侯爵的性變態的行為和書寫，維多利亞時代的英國暗暗地流傳著各種不堪入目的性小說，後來像勞倫斯這樣的大文豪也寫出

《查泰萊夫人的情人》，大膽暴露性事。可見正如紙包不住火一樣，人類的情慾總在熊熊地燃燒著。

禁慾一方面表示了人類對自然慾望的恐懼，另一方面也代表著人類企圖向精神領域的自我提升。如果我們相信佛洛伊德的詮釋，性壓抑是一把雙刃刀，既曾經是形成人類文明的原動力，也造成了人類種種的心理疾病。過度的禁慾，甚至可能釀成嚴重的社會問題。據說二次大戰期間德國納粹的殘暴行為就跟過度的性壓抑有關。大陸上文化大革命期間所表現的種種反常的暴行，是否跟共產黨的清教徒的教條文化有關呢？不也是個值得追究的題目嗎？

我自己生長在一個禁慾的社會和一個禁慾的時代，那時候大人們暗地裡做著什麼不可告人之事，我們是無法獲知的。他們的道貌岸然，雖然令人覺得虛偽得可厭，但至少保護了我們那一代青春期的清白。後來到了國外，也著實羨慕西方國家的開放與自由，特別是到過北歐那些比較主張性開放的國家後，我自己一度也覺得性開放一些不但不是件壞事，也許更能增進人們的心理健康。但是我現在可能又有另一種體會。鑑於像美國這樣的國家，雖說曾經受過清教徒的禁慾之害，畢竟是一個較為民主自由的社會，在性行為方面一向比我們開放得多，但是自從反越戰的七〇年代，美國的青年人喊出「要性愛，不要戰爭！」的口號後，從此有些人不只是開放，而是耽溺了。在那個時代，不但在美國的青年人間盛行抹油派對（裸體互相抹油之會），有家室的成年人也組織換妻的鑰匙派對（如李安的《冰風暴》一片中所描述的）。這些耽溺的行為，在那一代的美國人（特別兒童）心中留下了多少陰影，是難以估計的。性既然出之於人的天性，沒有理由被視為污穢的事物，然而正如飲食一樣，暴飲暴食既有礙健康，那麼過度地耽溺於性事，豈能對健康無害呢？對個人的健康既是如此，對整體社會的風尚也是如此的吧！當社會上不再以亂搞性關係為恥的時候，連身居高位的總統都忍不住做出越軌的行為。柯林頓不過也是七〇年代性耽溺的受害者之一。如果沒有過度的社會開放風氣，他也許要檢點謹慎一些的吧？

性，是自然的事，不必為之羞恥，但總是屬於私人的行為，而非公眾的活動。特別它是屬於成年人的事，兒童不宜。我想沒有人贊成身心尚不成熟的青少年過早地去品嚐禁果。即使對兒童應該施以合宜的性教育，恐怕也要慎重其事地採取一種客觀的知識性的指導，總不宜拿《金瓶梅》或《肉蒲團》這類的小說，或《閣樓》、《花花公子》一類的雜誌做教材的吧！正是由於目前社會上成年人的耽溺成風，使不堪入目的書刊、錄影帶之類的成年人的專利品無節制地氾濫成災，何能使我們的兒童倖免身心的戕害呢？我們是不是也應該學學魯迅的榜樣大聲疾呼：「救救孩子！」

在禁慾與開放之間，雖開放是比較健康的態度，但是適度的節制還是需要的吧！否則，一旦流於耽溺，恐怕就不是多麼有益的社會風尚了。然而開放與耽溺之間的分寸何在？倒是一個值得公開討論的問題。

原載一九九八年十二月《文訊》第一五七期。

學院中的退休制度

老人屆齡退休，應該算是一個好制度。特別有權位的人，到了某一個年紀，在昏聵癡呆之前把位子讓給頭腦清明，身強力壯的人，才不致遺害人間。大陸上的文革十年浩劫，不能說跟毛澤東的年齡無關，六四天安門慘案，又恰恰是發生在鄧小平的耄耋之歲，皆非偶然。這樣的例子太多了，人類終於醒悟過來，與其讓思路不清的老頭來瞎指揮，不如給他一筆退休金，讓他去含飴弄孫，頤養天年。

但是事實上，退休制度並未完全堵塞住老年人的當政之路，因為大權在握的人，總有辦法修改法律，或使人屈從。退休制度行之有效的，反倒是在這個制度不見得能發揮正面作用的學院之中。研究學問，不同於掌權行政，真的需要些日積月累的功夫，猶如釀酒，愈久彌香。學院中的老頭就是偶然說錯了話，做錯了事，別人可以逕以老糊塗視之，影響不大。這就是為什麼在過去的大學教授都是鞠躬盡瘁死而後已的。大學中的退休制度應該是七〇年代從北美開始的。當我於七〇年代末期從北美又返回歐洲執教的時候，英、法的大學仍然每學科只有一位教授，而且不等他老人家駕鶴西歸，後繼的人補不上位子。那時候，教授就是當然的院系主管，老人家可能很有學問，但辦起行政來也許一塌糊塗，幸好有專業秘書協助，也就難見其短了。

據說退休制度在七〇年代的加拿大大學中實施的時候，被一位不肯退休的老教授一狀告到法院，判決下來，大學敗訴，所以從此不能強迫教授退休。憲法規定公民不可因種族、性別、宗教遭受歧視，又何能因老而彌香的年齡遭受歧視呢？不能強迫，只好動之以情，誘之以利，在豐厚的退休金的引誘下，教不教書，待遇既然不相上下，幹嘛非要堅持倒在講台上不可呢？因此，到了某一個年齡，大多數人均自動退休。甚至有人願意提前退休，如果退休金不因此而減少的話。

到了八〇年代，這個風氣也衝擊到歐洲。歐洲的大學本來充斥著老而彌堅的人，說起來都是大師，頭腦卻不見得都很靈光，學院中不免暮氣沉沉。記得英國倫敦大學為了鼓勵老教授於六十五歲法定年齡退休，提出優厚的退休條件；若於六十歲退休呢，退休金另加一成。出於校方的意外，忽然間，老教授都要離職，使校方慌了手腳，又不得不勸留一部分。

其實，老教授只要不做行政工作，不退休反倒對校方有利，因為有些學科非要老教授領導不可，而研究生的論文，也只有老教授才有資格指導。其實對指導研究生的論文，不需要這種資格的資深教授並不熱心。在西方大學，這是教學職務之一，並不另外支薪。在我們國內有個象徵性的報酬，但是太低了。一個教授花上四五年的時間修改一篇上千頁的博士論文，還不算花在跟學生面談的時間，最後的論文指導費不過區區六千元而已，不及一場演講費的收入，很不符合經濟效益。再說，學生寫不好論文，也會怪罪教授，在美國就曾發生過論文失敗學生槍殺指導教授的事件。因此對指導研究生，老教授不能不挑挑揀揀，而且能推就推，除非是自己正做著某種專案研究。

如何提高學院中的行政效率，美國又起到示範的作用。大概在退休制度實行不久，美國大學中的行政主管不再按輩份出任，而採公開徵聘，或由系所同仁選舉。結果是很多年輕的教授出任了主管，不過在習慣上這些主管只辦理行政業務，學術方面仍歸資深教授領導。如此一來，果然相得益彰，學術與行政皆創佳績。上一代，因為有太多的老人擋路，陞遷非常遲緩。這一代自從有了退休制度後陞遷又太快了，運氣好的，不到四十歲就可升成教授。有些人難免因此得意忘形，好在大多數均能恪守學術倫理的分寸，並未演出過多奇形怪狀的「儒林外史」。

退休和遴選的制度不久也就傳到了台灣，現在國內的公立大學不但「嚴格」執行退休制（相對於西方的「不嚴格」），而且也通行學術主管的遴選或徵選制。固然按照規定，六十五歲法定退休時尚可申請延退五年，至七十歲為止。然而每年申請一次延退，都要經過三級三審，坐在評審會上的委員，不是退休教授的後輩，就是自己教過的學生，幾乎使所謂的學術倫理蕩然無存，情何以堪？因此申請延退的可說鳳毛麟角。我實在不明白，一向具有敬老尊賢優良傳統的中國人，怎麼會弄出這種連西方人都不忍用的制度？

另一方面，自然也像西方的大學一樣，在這樣的制度下，年輕的學者獲得脫穎而出的機會。不一樣的是，有些年輕的主管卻不像他們西方同儕那般謙虛，根據我們流行的「官大學問大」的習俗，一旦做了主管，忽覺自己學問龐大起來了，不再把資深教授放在眼裡，那怕對待自己的受業師長，也十分怠慢。而且行政主管在經費使用上佔盡了教授們的便宜，無形中挫傷了學術研究的意願與熱情。有了效率，丟了學術，長遠看來，是否值得呢？

西方的名校多為私立，譬如英國的牛津、劍橋、美國的哈佛、耶魯皆是，以其歷史悠久，經費比較充足，運用比較自由之故也。我國正好相反，私立院校不管在校譽虛名，還是真正的學術地位上，都只能追隨公立院校之後。平常與公立院校爭聘名師幾乎是不可能的事。國內也沒見有一個私立院校會像英美的大學不惜重金禮聘，縱然私校實際上應具有這種自由。現在退休制度實行以後，私立院校的機會終於來了，凡在公立院校退下來的尚可用之才，私立院校都有機會延攬之，網羅之。如果私立院校善加運用，有一天在學術地位上說不定可以跟公立院校一較長短。

不幸的是私立院校有一個難以克服的先天缺憾，那就是受制於董事會。如果董事會的董事有太多唯利是圖之輩，就不免把學府辦成學店，剋扣教師薪資者有之，任意增加教師教學時數者有之，學生交了圖儀費無圖儀可用，或有圖儀而不能自由使用者有之，學生交了論文指導費卻不付給指導老師者有之，論文考試考生自掏腰包支付外來考試委員交通費者有之，總之林林總總蔚為大觀。一般來說，學校的經費運用多為黑箱作業，不但學生無置喙之餘地，教授們也無權過問。至於行政權，因校長的聘任操在董事會的手裡，董事會認為合格的校長，不見得就是學術界公認的菁英。而後，其他各級主管又為校長任命，並非像公立院校出於公開的遴選。這樣一來實在難免私心自用之弊。私立院校的主管既然如此產生，卻又去評審其他教師的升等或新聘。等於是不受制度規範的人卻用制度去範繫他人，焉得不產生問題？公立學校的「教授治校」雖說問題重重，私校的人事制度距離問題重重的「教授治校」尚非常遙遠，要想追及公立學校的學術水平，恐怕也只成為一種可欲而難求的事了。

一九九九年十一月二日

原載一九九九年十二月《文訊》第一七〇期

注音或拼音

最近教育部召開過有關中文拼音問題的公聽會，也有不少學者在報端公開發表意見，形成各說各話，莫衷一是的局面，為社會帶來很大的困擾。

其實這個問題並沒有顯現的那般複雜，而是被沒有抓住要領的學者弄得越來越複雜了。首先我們應該瞭解目前所談的拼音只是幫助「國語」發音的一種工具，並不涉及推廣方言的問題。為了和睦族群關係，是否應該推廣方言，是否需要一種大家共用的「國語」，那是另一個問題，需要另題討論。現在既然已經有大家共用的「國語」，那麼問題就落在用什麼方式來幫助「國語」正確的發音。過去我們用的是「注音符號」，現在為了使學童學習更加方便，也為了與大陸及其他國家求取一致起見，是否可以用「拼音」來代替「注音符號」？問題就如此簡單。

我先從個人的經驗說起。我幼年時代沒有學過「注音符號」，因為那時候政府還沒有推廣「注音」。到了大學時代，上的是師範大學，為了教學的需要一定要選「國語」一課。「國語」課首先教的就是「注音符號」，學起來並無太大的困難，大概幾個小時就學會了。後來在師大國語中心教授外國學生國語，開始使用「耶魯系統」的拼音字母，也沒有覺得難學。出國以後，才發現各國所用的中文的拼音制度真是五花八門，譬如說法國有法國的制度，俄國有俄國的制度，英美更有好幾套制度（除了耶魯系統外，還有學者通用的Wade-Giles system，以及趙元任教中文創造的一套）。我在法國時，寫論文當然用的是法國的制度。至於教中文，卻用上大陸的「拼音」，因為那時北京外語學院所編的中文教材已經開始在西方流行。後來到了英語國家，入鄉隨俗，寫論文改用Wade-Giles system，教中文依然用大陸的「拼音」，原因是那時候連外國編的中文教材都普遍採用了大陸的「拼音」制度。又過了幾年，大概是一九八〇年前後吧，學「拼音」出身的外國漢學家漸漸成為漢學界的主流，有關漢學的論文幾乎都改用「拼音」了。也許只有幾位老掉牙的老漢學家仍然堅持用Wade-Giles。據我個人學習這些不同制度的經驗，感覺都非常容易，大該十分到二十分鐘的時間足夠學會了。如果以後忘記，一查就得，沒有什麼難處。

但是在這些不同的制度之間，的確有優劣之分。不管是英美的制度，還是法語系的制度，都無法分辨捲舌音、舌尖擦音和舌尖塞音的差別，常常使不諳中文的人感到混淆不清，使熟悉中文的人感到莫名其妙。只有大陸的「拼音」解決了所有的問題，真正分清楚所有的子音和母音，使用不同的字母代表不同的發音。西方國家通用的二十六個字母，本來發音就各不相同，英語有英語的發音，法語有法語的發音，德語有德語的發音，西班牙語有西班牙語的發音，俄語不但發音不同，連書寫也不同。因此ABCD……等等並沒有統一的發音，所以中文借用這二十六個字母，賦予他們中式的發音，並無不可。如果我們決定要用一種拼音的制度代替「注音符號」，當然要採用最合理、最清楚和最適合記憶的制度，那就非大陸上行之有年的「拼音」莫屬了。既然已經有這麼一套尚屬完善的現成制度，似乎沒有必要製造另一套「第二式」來徒增困擾。

也許有人認為「注音符號」仍有存在的價值，因為大家都用習慣了。其實這種習慣是很容易改正的。如果學過外文，不管是英文，還是法文，再學習另一種「拼音」符號不過是十幾分鐘的事。「注音符號」本身既不是文字，又不能在譯文中傳寫人名或地名，除了標音以外沒有其他用處，為什麼要人們花時間去記憶這樣一套純為標音的符號呢？「拼音」則不然，除了具有「注音符號」相同的標音功用之外，還可以在外譯中傳寫中文的人名和地名，又可使中文打字和電腦中文輸入方便易行，當然在觀光事業中也承擔了向外國遊客標示路牌的重任。至於有人擔心「拼音」的ＡＢＣＤ……的發音與英文不同，是否會妨礙兒童學習英文的能力，這實在是過慮了。既然西方國家的ＡＢＣＤ……發音都各不相同，ＡＢＣＤ……當然可以有中式的發音。學會了中式ＡＢＣＤ……，然後再學英文的ＡＢＣＤ……或法文的ＡＢＣＤ……，最多也不過像法國或德國兒童學習英文或英國或德國兒童學習法文遇到一樣改變發音的問題罷了。

其實，在大陸上使用「拼音」的目的並非完全為了標音，開始有些人的確期望廢除中國文字，使中國文字徹底拼音化，這些人包括毛澤東在內。後來遭遇到難以克服的困難（例如中文同音字太多，太多的古代文獻，中國文字的其他優點等等），無法一時實現，才退而求其次，成為標音的工具。這是毛澤東在有生之年未曾兌現的一大狂想，也是習於希旨毛意的學者們少數幾件堅持原則表現風骨的大事。

今日台灣，各種人名、地名的外譯以及公路的路標，五花八門，絕無任何規律可循。同一人名、同一地名、同一路名，有各種拼音書寫方式，不但使外來的遊客看得一頭霧水，連我們自己也不免心生疑慮。當必要採用一種單一的拼音制度時，如果我們依舊堅持「敵我」之分，大陸上的任何成就我們都不願分享，也就罷了。不然，與其自創一種不盡理想的制度，反不如採用大陸上曾經過眾多語言學家細心研究，清楚易學，行之有年，而又在世界各國已經通行的「拼音」制度。

一九九九年五月三日

原載一九九九年六月《文訊》第一六四期

外語教學的必要性

在大學中教授語文的老師，大凡都感受到近年來學生的外語水平未見提高，而本國語文的水平卻日漸低落，甚至大學中文系學生辭不達意的也時有所見。

重視外語教學本無可厚非，但若以犧牲本國語文的水平換取外語水平的提高，則恐非善策。幼稚園及國民小學增加外語教學，應以不影響本國語文的教學為原則，否則恐怕得不償失。

在西方強勢文化的主導下，發展中國家不論是否曾經淪於殖民地的地位，都多少難以避免習染上殖民式的意識形態，衍生出崇洋鄙己的心理。對學習語文也有這種現象，常常把英文放在比中文更重要的地位上。民國四十八年，我從師範大學國文研究所畢業，留校擔任講師，教授外系的國文，曾經發生過這樣的一件事：我所教的理化系那一班居然還有一個大四的學生來選修大一國文，使我很感意外。該生從未來上課，只在期末考試出現在考場中。我同情他是畢業班的學生，並未阻止他參加考試。誰知他只考了三十分，離及格的分數很遠，仍然無法畢業。事後他找我理論，我才發現與出現在試場的並非同一人，他不能不坦白，自己連考三年都未及格，第四年才想到找槍手代考，不幸槍手仍不高明。他說他是學科學的，將來勢必出國留學，只要把英文學好就夠了，他不明白校方何以堅持非要國文及格才可畢業？他企圖強勢說服我，讓我放他一馬。為了維護本國語文的水準，大一國文及格作為師範大學畢業的條件是教育部的合理規定，我無能為力。我不去追究他的作弊行為已是額外開恩，憑空加他三十分那是萬萬不能。他悻悻然而去。過了幾天收到他一封英文信，出口甚為不遜，罵我年紀雖輕，實則頑固不化；自稱有一天一定贏得諾貝爾化學獎來給我看，那時候我才會瞭解中文之毫無用處。時過四十年，我不知該生在科學界中是否已經大有成就，或者他是否已稍稍改變那鄙視中文的態度，但總為他連一封中文信也不會寫的程度而惋惜。

當然，目前在台灣的科學論文的確不需要用中文來寫，甚至以在美國的科學刊物發表為榮。求職也好，升等也好，英文論著似乎都比中文的吃香。難怪大學中理、工、醫科的學生輕視本國的語文了。

不幸的是台灣目前並非被殖民的國家，通用的語文仍然是中文，一切應用文字也並未使用英文，雖然有些自以為科學家的人說話喜歡夾雜英文以傲人，但主要還是以中文來表情達意。非科學家的一般小民，使用英文的機會微乎其微，走出校門幾年以後，所學的英文一股腦還給了學校，白白浪費了多年的光陰，即使懊惱耽誤了本國語文學習，也為時已晚。

為了真正學以致用，不浪費大多青少年的光陰，中小學階段其實絕對應該加強本國語文的教育。至於外語，則不妨多設幾所外語學院，聘請外國教師教學，兩年的集中訓練肯定強過六年或甚至十年的中學外語課程。

原刊二〇〇一年八月六日《自由時報・副刊》

抄襲與學術倫理

如果世間有偷竊的行為，在學術界就難免有抄襲之風。學人也是人，具有人的種種弱點，包括偷竊的慾望在內。沒有人規定有偷竊慾望的人不准研究學術，但是東窗事發後必定受到應有的懲戒，也是不可避免的事。

記得一九八二年回國度假，正趕上台灣大學主辦第一屆「比較文學會議」，大會邀請我為一篇論文講評。可能因為我來自英國的倫敦大學，又加以教授戲劇的緣故，於是派給我講評一篇外文系教授有關英國劇作家品特（Harold Pinter）的論文。我拿來一讀，真是太巧了，我剛剛在英國的戲劇雜誌上讀過英國劇評人寫的這一篇文章。這位教授的大作恰恰就是這篇文章的中譯，當然就是明目張膽毫無顧忌的大膽抄襲了。我當時拿到這樣一篇燙手山芋，一時真不知如何是好。幾經考慮，只做了一次嚴厲的批評，建議大會不要將此篇論文收入論文集，並未揭露抄襲之實。這跟我過去曾經放小偷一馬是同樣的心態。當時這位教授心中一定大為不快，然而當事人心中有數，事後也許會反省到我對他的寬容吧！

據說，國內類似這樣的抄襲事件不在少數。過去在反共抗俄的時代，也曾有人放膽抄襲大陸學人的作品，以為兩岸不通聲氣，真是神不知鬼不覺。哪裡想到後來兩岸居然學術交流起來，不能不露餡兒了。於是辯說，那時因為敵對的關係無法直接引用。但是，在「無法直接引用」與「乾脆抄襲」之間還有很大的空間可以處理。不能直接點名引用的文字，倘若非引用不可，可以不點名引用，也可以間接引用，總不應當作自己的話說出來吧！

我國跟美國可沒有敵對的關係，引用美國學人的著作也是常事，近年卻連連發生抄襲美國學人的事件。是不是因為美國太大了，人數太多了，使存有覬覦之心的人以為足可瞞天過海？俗語說：「紙包不住火」，天衣有時尚且有縫，豈能長久蔽人耳目？莎士比亞在《理查第二》一劇中嘗言：「人生最珍貴者，莫過於清譽，其他不過糞土而已。」有些在學術界素有聲名，且又擔任行政工作的人，身負統率學術群倫之責，竟也不愛惜羽毛若此，怎不令人慨嘆？

此外，理工學界也有一種陋規，指導教授習慣在其所指導的研究生的論文上具名，當為共同著作人發表。在我長年擔任大學校評會委員的經驗上，每年審閱教授升等的資料，起初常常覺得奇怪，文學院教師升等的論文不過數篇而已，理、工、醫科的教師升等論文動輒數十篇，怎有如此的精力和時間撰寫如此數量的作品呢？後來才知道原來多半是研究生的成績。如果指導教授真正參與研究與撰寫，具名發表自亦無可厚非，但若像文科一樣，不過止於提供觀念、指導與修改，應無具名的必要吧？然而既然相沿成習，一時恐亦難於改正。這倒使文科教授，在統計的研究成果上相形見絀了。我們的國科會偏重理工科的獎勵，良有以也。

如果誠實是教育的重要信條，為人師表者是不應該有剽竊的行為。抄襲絕對違反了所謂的「學術倫理」。觸犯此規的人應主動辭職，不必等別人解聘，天地依然廣闊，但不該再在學術界混下去。

二〇〇一年一月二十七日

原刊二〇〇一年二月十二日《自由時報・副刊》

親屬的「原罪」與「原惡」

蔣經國總統執政的後期，台灣的十大基礎建設完成，接著是台灣的經濟起飛，後來又開放報禁、黨禁，使台灣終於一步步走向民主政治，那時有人認為台灣之所以有如此的成就，全靠教育的成功。

不錯，細想我們一九三〇年以降出生的一代，幼遭戰亂，中學以後的教育多半是在台灣完成的。四〇年出生的一代，不論是大陸來台的外省子弟，還是土生土長的本省子弟，全部的教育都是在光復後的台灣完成。我們大學的師長，還是些懂得身教與言教並重的老先生，我們繼承這個傳統的後進，一生的言行也都有一定的分寸。

然而，如今才不過二十來年，情況竟然大變。詐騙、勒贖事件無日無之，青少年逞勇鬥狠，可以無緣無故砍殺路人，做官靠關係，司法有黃牛，官吏貪瀆成風，居上位者要特權，在下位者拍馬屁，誰還敢再說我們的教育是成功的？

最近我曾給一位年輕人的電子郵件上謙稱我家為「寒舍」，不想回信中竟看到「你的寒舍」的字樣！已經投入社會做事的人，語文程度如此，令人難以相信。如果連身任教育部長者都寫出「音容苑在」，身任總統者不知「罄竹難書」的意義，「你家的寒舍」以及種種火星文，也就不足為怪了。

語文不過是與人溝通的媒介而已，有人也許覺得沒學好並無大礙，其實不然。語文代表了學習中最容易呈現的一項，語文不行，並不能表示其他尚可，而多半顯示其他所學可能都是一塌糊塗！

就以近來趙建銘一案為例，雖然收押禁見了，檢察官也有證據及證人的證詞在握，可是當事人並不以為他所犯的「內線交易」、「鬻官賣爵」、「收取賄款」、「聯貸關說」等有什麼不對，反認為癥結出在身為總統女婿的「原罪」。不錯，如果非為總統的女婿，大概無能，也不敢犯以上各罪。

過去在專制帝王的時代，皇親國戚是與常人不同，做出越規的行動，不一定會受到應有的懲罰。但是遇到不畏權貴的清官，如包公者，也會倒楣的吧！現在是民主時代，法律之前人人平，任何人都不應濫用特權，這些觀念受過基礎教育的人不該沒有。趙建銘身為醫生，起碼應該受過大學教育，不用說長達十二年的中小學教育，在這麼漫長的教育過程中，難道沒有學到何者當為，何者不當為？尤其家長還是做過小學校長的人，在教導他人子弟之餘，怎可忽略了自己兒女的教養？這種種例證，使我們再也不敢言台灣的教育有任何的成就了。

如果明知「內線交易」、「賣官鬻爵」、「收受賄款」、「聯貸關說」等是犯法的行為，等於明知而故犯，膽量之大，氣焰之盛，出乎一般人的意料之外。若非有所依恃，或至少接受過握權在手者的暗示，怎會有如此結果？倘若高官的近親可以為所欲為，那倒也真該稱之謂高官親屬的「原罪」了。做為一個普通人還可維持做人應有的分寸，一旦成為高官的親屬反倒無法無天，肆無忌憚，那不但只是「原罪」，更該稱之謂「原惡」！

二〇〇六年六月四日

原刊二〇〇六年六月二十一日《世界日報・世界副刊》

我的第七個困惑

台灣向以教育成功為傲，但是如今？教育無法避免地成為政治的一環，當政治墮落的時候，教育也不能不隨之下墜，因為教育部管得太寬了。諸凡教授升等、學位頒授、開設課程，甚至鐘點多寡等等，一概過問，西方教育獨立的制度一點都沒學到。最令人詬病的是：教育部居然硬性規定教授的薪資，使各院校無法向國外大學爭取名師，真是與企圖國內大學的教學與研究升格背道而馳。對教授兼課的鐘點費以及論文考試的車馬費又訂得特低，以致使各研究所邀請兼課教授與口考委員都發生問題，不得不靠個人的人情關說。這都是因為教育部處於情況外的原因。政府如此管理教育，乃在不相信教授有治校的能力，卻相信教育部的官員都明瞭各校的詳情！如此控制嚴密的教育部對教職人員的抄襲之風卻也束手無策，蓋此乃個人的修為問題。在資訊暢達，獲得容易的今日，對抄襲冷僻的資料，可以說難以防範。令人困惑的是走過小中大各級學校教育的人，如何也如此經不起偷竊的、貪瀆的誘惑？

八、大陸的對照

誰破壞了我們美好的生活

如果一個人生在一種可以溫飽且有親情的環境中，總會對未來產生一種美好的憧憬。然而，當一個人生在一種不能溫飽，且缺乏親情的環境中，連美好的滋味都沒有嚐到，還有什麼人生的憧憬可言呢？

創造一個足以溫飽且有親情的環境，身為人之父母者，當然有不可推卸的責任。但是如果大環境太過惡劣，使為人父母的人力不從心，或者自己先失去了美好生活的憧憬，又如何為下一代創造溫飽與親情的條件？

我國古代的哲人已經看清了這一點，因此孟子曾言：「五畝之宅，樹之以桑，五十者可以衣帛矣。雞、豚、狗、彘之畜，無失其時，七十者可以食肉矣。百畝之田，勿奪其時，八口之家可以無飢矣。謹庠序之教，申之以孝悌之義，頒白者不負戴於道路矣。老者衣帛食肉，黎民不飢不寒，然而不王者，未之有也。」這個小康的理想看似立意不高，卻從未普遍實現過。原因是古代的哲人對王者寄望過高了也。

從十九世紀到二十世紀的思想家，不再把幸福的希望寄託在王者的身上，但是卻常常把不能創造美好的大環境的責任推給資本家，認為社會上的罪惡都是資本家造成的，因此才大力宣揚社會主義和共產主義，希望掃除盡這批唯利是圖的貪婪怪獸，以俾達到「各盡所能，各取所需」的理想境界。到了二十世紀中期，連最無知的思想家都開始意識到這種「烏托邦」的天真與不合乎人性，因為在消滅了資本家的社會裡又產生出一批比資本家怪獸更加恐怖的政治怪獸，為人類製造出更大的災難，使為人父母者對後代子孫越發束手無策了。毛澤東的銘言：「槍桿子裡出政權」，說明了社會主義政權的本質。

於是人們開始醒悟，如果有一套合理的政治制度，資本家可能是無害的。

美國經濟學家傅里曼（Milton Friedman）說過：「哪個社會不是建立在人性貪欲上的？問題是如何找到一種制度，使人性的貪欲減輕到最無害的程度。資本主義就是這樣的一種制度。」因為資本主義可以與民主制度配套，後者對前者發揮了制約的作用。民主政治中互相競爭的多黨，代表了社會上不同的利益團體；民選的議會不但操有立法的大權，而且可以督導行政單位的施政。這時候，如果選出了不稱職的議員或者不守法的總統，責任落在選民自己的身上，還能向誰去抱怨呢？最好的法子，只有在下次選舉時把眼睛睜大一點，放亮一點。幸而，民主政治的議員或官吏都不是終身職的。

資本家已無能恣意而為，政治家的權力也是有限的，現在如果要問：誰破壞了我們的美好生活？答案是：我們自己！

二〇〇〇年十二月十日

原刊二〇〇〇年十二月十八日《自由時報・副刊》

文學中的統與獨

國立成功大學台灣文學研究所在陳萬益所長精心設計下，推出一系列台灣文學的座談會，其中一場邀請我和陳映真先生、林瑞明教授鼎談「台灣文學史觀」。談到「史觀」，自然難免意識形態，甚至政治立場的問題。我們三人在這些方面當然有很大的差異，因此可以說是名符其實的「鼎談」。

在鼎談時，陳映真先生坐在我的右邊，林瑞明教授坐在我的左邊，我開個玩笑說今天我做他們統派與獨派的緩衝地帶。在文學界，大家都清楚陳映真先生被稱做「北派」，他也從不掩飾他「統派」的立場；林瑞明教授則屬於「南派」，是獨派的大將。我自己從沒有明確的政治立場，因為我把「統」與「獨」都看成策略，而非理想或目的。在鼎談開始時，我也聲明，我所重視的是「台灣人民的福祉」，如果「統」可以促進台灣人民的福祉，就統之；「獨」可以促進台灣人民的福祉，就獨之；倘使二者之一將為台灣人民帶來災禍，自然應竭力避免，絕不該陷入教條主義的窠臼而不顧台灣人民現實的利害。

文學創作固然應該把個人的政治立場排除在外，但涉及文學評論和文學史的詮釋，便無法捨棄一個人的政治觀點。在這方面，統派與獨派的最大差異乃在於統派把「台灣文學」定位為「在台灣的中國文學」，而獨派卻認為「台灣文學」獨立於中國文學之外。就台灣文學的發展脈絡言，一方面既與大陸上的所謂「中國文學」存有千絲萬縷的關係，另一方面，也實在曾有過獨自發展的過程。我個人寧願從廣義的文化發展來看文學的發展。簡約地說，中國大陸和台灣從明季開始接觸西方文明（台灣更於一六二四、一六二六先後遭荷蘭及西班牙佔領），從此便像日本一樣走上了現代化（或西化）的道路。在西潮的影響下，從舊文學到新文學，台灣與大陸是一致的，所使用的語言文字基本上是一致的，在繼承古典文學方面也是一致的，唯有在接受西潮影響的先後有所差別。台灣文學在發展的過程中，有兩個階段與大陸文學不相為謀：一是一八九五至一九四五年的日據時期，二是一九四九至八〇年代兩岸開始文化交流為止的所謂「漢賊不兩立」的時期，因此相對於大陸文學而言，若說台灣文學有其獨特之處，也不足為怪。陳映真先生認為台灣既未獨立，當然沒有獨立的台灣文學，如果台灣將來真正獨立建國，那麼不妨稱現階段為「建國前的台灣文學」。林瑞明教授的意見則是台灣既不屬於中國大陸，當然現在就有名正言順的「台灣文學」。

從世界各國的先例看來，語言與文字決定一種文學的文化歸屬，國別則決定一種文學的國際歸屬，例如英、美、澳、紐、加（部分）、南非等使用英文的地區的文學都是英文文學，但是由於各自都是獨立國家，美、澳等國的文學當然獨立於英國文學之外，可以自成「美國文學史」、「澳洲文學史」等。台灣不是「台灣國」，而是「中華民國」，以此而論台灣的文學史應稱為「中華民國文學史」。然而中華民國一向涵蓋了大陸地區在內，「中華民國文學史」是否也該涵蓋大陸文學呢？如果台灣只屬於中華民國轄下的一個地區，那麼「台灣文學」是否與「福建文學」、「廣東文學」、四川文學」、「山東文學」、「上海文學」等量齊觀呢？這是目前所存在的尷尬而又難解的問題。這個問題的答案還是要留到未來台灣的命運是統是獨才見分曉。

三個人的鼎談雖然自說自話殊無交集，但是各自均實際領略到其他兩人的真實情感和寬容的態度，尊重他人的看法也是豐富自我的有效途徑，因此這次鼎談可算是一次成功的交流。

二〇〇一年三月二十七日

原刊二〇〇一年四月二日《自由時報・副刊》

等待

法國小說家大仲馬曾言：「所有人類的智慧都總結在兩個字上：等待和希望。」不錯，若不肯等待，哪來希望？為了有希望，則必須耐心等待。

我們中國人也是最懂得等待的民族。民國四〇年代，我們都曾熱切地等待反攻大陸，從大陸來的人盼望回家，台灣本地的人也盼望到大陸獲得更佳的發展。幾十年的時間在等待中度過了，黑髮的等成白髮，紅顏的等成鶴顏，才知道是一場空等。於是大家開始盤算如何扎根台灣，不再做反攻大陸的美夢。

扎根台灣以後，就沒有等待了嗎？當然還要等待。有的人等待台灣有一天獨立，有的人又等待有一天跟大陸統一，雖然等待的目的不同，其為等待則一。台灣獨立了以後，到底與現在有何不同？會帶來些什麼好處？大多數人都說不清楚，甚至不曾真正地思考過。等待統一的人比較明白，知道統一了不會有什麼好處，但是仍然不能不等待。因為等待是一種智慧，使當前的日子好過一點。

有一次在高雄市乘坐計程車，司機竟說希望共產黨早一點來到。我問他為什麼？他說：

「共產黨來了，窮人才可翻身啊！」我說：「現在的共產黨也在走資了！」他說：「那就更該早一點來！」我說：「不怕生活水平降低？」他說：「還會比現在更壞嗎？」我說：「不怕失去自由？」他說：「自由？像我們這整天關在計程車內的人，還有什麼自由怕丟掉？」

看樣子窮人不怕共產黨。資本家應該怕的吧？好像也不怕，有的早已把資金轉移到大陸，有的正在躍躍欲試。那麼到底誰怕共產黨呢？從等待反攻大陸到等待共產黨到來，又是另一種不同的等待。

等待，無時不在的等待，就是在有衣、有飯、有忙碌的日子裡，也沒聽說人滿足過，人仍要等待，雖然不必定清楚自己在等待些什麼。何況現在日子真的不好過了，怎能不等待？燃眉之急的等待是：失業的等待就業；被股市套牢的等待長紅的消息；到處賣不掉的空屋等待買主；買不起房子的無殼蝸牛等待房市的谷底；資本家等待解除「戒急用忍」，以便堂皇地赴大陸投資；選舉失敗的政客等待下次捲土重來；大陸的鷹派等待台灣宣佈獨立，以便有所作為；美國的軍火商人等待海峽雙方繼續擴軍……

每個人在等待中都抱著希望，都認為所希望的美過當前，不管等待的是否是一場空，或者等待到一場禍，都不會減少那一份等待的心情。

原刊二〇〇一年七月三十日《自由時報・副刊》

台商難以抗拒的誘惑

在「戒急用忍」的政策下，對到大陸投資的台商有種種的限制，如按招規定辦理，在大陸上不可能有如此多的台商，以致多到每一省、每一縣市都可能有台商的足跡。我們常聽說，台商到大陸投資是用「偷跑」的，不知此言是否屬實？鑑於「戒急用忍」的侷限，而台商仍然有辦法得其所哉，似乎政策也者並未發揮應有的作用。

趁到南京開會的機會，順便北上回我的出生地山東省齊河縣掃墓、探親。我本以為台商多集中在福建省、廣東省和上海市等地，誰知偏僻如齊河縣者也是台商落腳的好地方。據說如今中共中央放手讓地方自謀招商良策，於是各省、各縣都提出優惠條件競相向外商與台商招手。以齊河縣而論，在陽光廣場和縱貫大陸南北的高速公路之間畫出了一大片「經濟特區」，又有可達香港的京廣鐵路車站在旁，離濟南的國際機場也不過一小時車程，交通的優勢可觀。縣政府免費提供土地，並出資營建廠房，外商或台商只需提供營運資金、技術和管理經營人才即可設廠經營。這個誘惑實在太大了，因為在台灣土地既貴，又難以取得，建廠又要一筆龐大的資金，到了齊河這些問題竟然迎刃而解。再說工人的工資，在大陸實在低廉。以我參觀的台商「山東運達電子有限公司」為例，台北籍的游總經理說：「以每天八小時，每週六天計，一個工人的平均工資每月約人民幣四百元（折合台幣一千六百元）。這個工資比當地的平均工資已經高出百分之二十。如有需要，每天加班可到十四小時，星期日也可加班，這在勞基法掌控下的台灣是不可能的。雖然加班可領雙倍的工資，每月每人也不過六七百元而已，離我們台灣的最低工資還有很大的一段距離。」如此低廉的工資，產品的成本自然可以大幅壓低，競爭力也自然相對地提高了。那些在台灣已經失去競爭力，或甚至瀕臨破產的企業老闆如何不見獵心喜，躍躍欲試呢？在台灣製造米果的旺旺就正在那裡大興土木。上述山東運達電子有限公司，只用了一個台灣人擔任總經理，其他職員、工人和工頭都是就地取材，而且幾乎都是女性，加以山東本以民風淳樸、忠實著稱，十分容易管理。游總經理說，從設廠到現在已經九年，產品全部外銷，營利可觀。他本人住的是洋房，在家有廚師、佣人，出外有司機駕車，這是他在台灣時享受不到的，看來有些樂不思蜀了。台商之所以明走、暗跑爭相到大陸投資、設廠，良有以也。所謂「在商言商」，幾句政治口號擱得住實力的誘惑嗎？

如果是同一家公司，在大陸和台灣生產一樣的產品，大陸產品的售價不到台灣產品的一半，將來台灣如何跟大陸競爭呢？在可見的未來，似乎只有大陸貨銷台灣，台灣貨卻難以銷大陸。就拿跟我個人密切相關的出版業而論，我們每次赴大陸總會大買特買大陸的出版物，大包小包，又寄又攜，不怕累贅；相反的大陸學者卻很少買台灣的出版物，價格太懸殊了嘛！假使兩岸三通後，台灣的作者、編者都到大陸出版作品，台灣的出版業何以繼續維持？數月前，台北有一個經營有年的出版商忽然來電話，說要結束台北的出版社，到上海去投資蔥油餅連鎖店。當時我聽了很覺詫異，現在倒覺得是知秋的一葉。

如何留住台灣的廠商，如何使資金不致過度流向大陸，如何同土地廣袤、人工低廉的大陸在工商業上競爭？應該是亟欲提升目前台灣經濟的當政者傷腦筋的大事。真的提得出有效的方策來嗎？關心國事的所有公民都在拭目以待。

原刊二〇〇一年八月十三日《自由時報・副刊》

大陸印象

一九八一年初訪中國大陸後，寫成《大陸啊！我的困惑》一書（聯經版），其中看到大陸上諸多難解的矛盾，諸如政治上宣揚「窮人的光榮」，人們內心中卻暗羨「富裕的生活」；口頭上提倡捨己為人的「雷鋒精神」，日常所表現的卻無人無時不在「自私自利」，以致有些事只說不做，有些事只做不說，使人覺得人人都心口不一，心靈扭曲得十分可怕。如今經過二十年資本主義的改造，這些現象大致都不見了；至少像其他社會一樣，不再以追求財富為羞。

從一九八一年至今，去過大陸多次，每次都看到一些變化，但這次大陸行感受尤其深刻。從南京乘火車北上，經濟南停留一星期，並下鄉掃墓，然後再乘火車直達北京，縱越華北平原，對自然景觀、都市及農村的生活環境都有所觀察與體會。

衣、食、住、行，若與一九八一年比較，可說有天壤之別。彼時男女不分，皆著灰藍二色的制服，故為外人戲稱為「藍螞蟻社會」。如今女士也穿著各色衣衫，足登高跟鞋，頭髮做成各種樣式，與台、港所見略無分別。而且衣商仿冒各國名牌公開出售，使一般人也可享用廉價的時髦衣物。

記得一九八一年在北京吃飯很成問題，飯館太少，食客太多，偶然遇到一家，不是太髒，就是太擠。有些專為外賓開設的大飯店，得要事先訂位，否則恕不接待。口味更不能提，當時在一家餐館所點的清蒸雞，竟是將曬乾的雞泡在熱水中，無法入口，使人啼笑皆非。今天各大城市餐館林立，眾味皆備，在北京不但可以吃到四川菜、江浙菜、廣東菜、湖北菜，也可吃到麥當勞的漢堡及肯德基炸雞。過去舊社會的口味恢復之外，還加了些新花樣，是過去未曾嚐過的，價錢又十分便宜，一般六菜一湯，外加啤酒，不到人民幣一百元，換算成台幣，三百多元而已。

住的方面，八一年時，劇作家曹禺在北京所住的三房二廳公寓，據說已是部長級的待遇。一般市民擠在大雜院中，廚房、廁所都須公用。今天總算改善了，公寓大樓取代了佔地奢侈的四合院平房，小家庭可以享受到獨門獨戶。唯一不足的是衛浴設備，公浴、工廁仍時有所見，使外來者深覺不便。好在從無星級到五星級的賓館飯店甚多，可以供應外來者的需求。最使我印象深刻的是農村的變化，原來務農的表弟，八一年時住的是家徒四壁的土房，對外開放的政策好像真的使農村發家致富了，如今一律建成整齊的二層樓房，前庭後院還遍植花木，遠看紅綠輝映，令人不敢相信這就是過去那破落的村舍。表弟家中不單安裝了電話，還買了電視、錄像機一類現代電器，為外來的客人留下記錄。

至於行的方面，八一年在北京出門甚為困難，如無有關接待的單位派車接送，在街上根本叫不到出租汽車。坐火車也只能乘坐專為外賓而設的所謂的「軟席」，一般硬座髒亂不說，力氣小的人根本就擠不上去。今日各都市的出租車竟然像台、港一樣滿街跑，只須招一招手就行了。從濟南到北京的直達火車居然是法國式的兩層座位，既乾淨，又寬敞，而且已無內外之別。這次從濟南下鄉，走新建的高速公路，經黃河大橋，原來兩小時的車程，只須四十分鐘。平坦的高速公路，車輛不多，說明了公路運輸為正在起飛的工業預作準備。

整體說，都市景觀已非八一年所見的灰頭土臉，除了高樓大廈蓬起以外，馬路也在拓寬。各城市模仿歐洲與俄國，都建有寬闊的廣場，濟南的泉城廣場更設有豪華的彩色噴泉。自然景觀的變化尤其驚人，原來荒原焦土似的華北平原竟成一片綠海，茂盛的玉米田間雜著盛開蓮花的水塘，成排的楊柳雖尚未偉壯，但已經成株，遠遠眺望，幾疑身在歐洲。

這些變化發生在短短的二十年中，與六七〇年代台灣的經濟起飛有不少類似之處。目前台灣的尖端工業，仍然領先大陸，國民所得也遠遠在大陸之上，但是以目前大陸發展的速度，台灣能領先多久，則不能不使人擔憂。

大陸在經濟進步的同時，並非毫無矛盾。今日所有的旅遊重點，不管是歷史古蹟，還是博物院、美術館，一律收費，有的還要層層收費，連搾幾次油。如此作風，簡直比資本主義國家還要資本主義，全失社會主義的風格。然而，主政老人的貪權、戀棧，又完全保存了社會主義的傳統！看來，在政治制度上，跟台灣比，還有一段遙遠的距離。

原刊二〇〇一年八月二十七日《自由時報・副刊》

我的第八個困惑

政權的正當性從歷史的發展上看，有兩個截然不同的階段，在民主以前的時代，不論中外，人們皆承認政權天授或神授，最高的權位世代承襲，人民沒有置喙的餘地。到了民主時代，政權的產生來自人民的選票，有憲法詳加規定，自有其應該遵守的遊戲規則。但是也有例外，一旦碰到民意，二者均可能失其效用。

人言：民意如流水，可載舟，亦可覆舟，誠然。中外政權因民意而傾覆的先例，實不勝枚舉。威武跋扈如秦始皇者，也經不起民意的考驗。我國歷代天授的王朝，均一次次地因民意的敵對而崩解，自不待言，即使民主政治的先鋒大英帝國，在實行憲政的歷程中，王權也曾經過數百年的民意焠煉，始步向後來的民主憲政，成為今日西方民主政治的先驅與楷模。

有世界議會之母稱號的英國議會（相當於台灣的立法院吧），首創於十三世紀末愛德華一世時代，到一三三二年始有上下院之分，對民意才真正開始具有代表的意義。然而王權仍盛，與議會之間摩擦迭起，衝突頻仍。最有名的例子可舉十七世紀的查理一世（Charles I, 1600-1649）為例，只因他太相信王權天授，以致與議會間的摩擦到了勢不兩立的地步，四年間解散了三次議會，接下來的十一年竟成為沒有議會的王國。後來為了敉平蘇格蘭的叛亂不得不召集第四次議會，但議會不同意伐蘇，又遭解散。平蘇戰敗後被迫召集第五次議會，這次議會顯示了強烈的民意，迫使查理一世接受廢除皇家法庭、廢除任意的稅收，並承諾不再解散議會。但是愛爾蘭之亂又引發王權與議會權力的衝突，議會發出著名的「大諫疏」（Grand Remonstrance）要求國王修法，包括議會立法不必經國王的同意。查理一世大怒，企圖以武力脅迫議會，終導致議會以武力對抗，釀成擾攘數年的內戰。議會在廣大民意的支持和議會領袖克倫威爾（Oliver Cromwell, 1599-1658）的主導下，組成審判法庭，判決了戰敗被俘的查理一世死刑，在倫敦的白宮毫不憐惜地砍了腦袋！所以判此重刑，皆因國王挑起內戰之故。既然議會代表的是民意，天授的王權也無能為力了。

如今在民主的時代，當然不會再有砍頭的刑罰，但是在東亞後進的民主國家，很多號稱民選的領導人都遭遇到悲慘的下場，韓國過去的幾任總統不是遭人暗殺，就是瑯噹入獄；菲律賓的馬可士長期執政，因貪腐無能不顧民瘼，終於死有餘辜，遭到人民的唾棄。這些前例，都是當事人不知進退，禍由自取的結果。

一個總統如果與代表民意的立法機構衝突，吃虧的當然是前者，因為後者有廣大民意做後台，民選總統也抵禦不了。尼克森因水門案而下台，並非他不願戀棧，而實在是無法與國會抗衡也，這也是尼克森的聰明之處。

現在貪污腐化的當政者在立法院過半數的否定下，再加上數十萬公民一波波的嗆聲，仍然不動如山，已經不再是知恥與否的問題，而是將來如何善了的問題了！如果當事者不知好歹，不惜挑起族群對立與人民之間的內鬥以自保，居心未免太過惡毒，恐難有善果。那些一味勸說不必理會民意的所謂大老者，實在正盲目地為企圖擁戴的主子布下了悲慘的陷阱。在鑄成大錯之前，聰明的辦法還是應該順從民意，以免遭受韓式或菲式領導人的下場也。

由於這些年的沉淪，對照大陸上的最新發展，對台灣的種種我更加不能不感到困惑了。一九八一年我初訪大陸後，發現太多令我困惑的矛盾。那時由大陸來到台灣，使我感到台灣種種的進步，物質生活已經不虞匱乏，人民生活看來是舒服愉快的，至少不需要說一套做一套。可是過了二十年，情況似乎顛倒過來了。大陸上的人民生活富裕起來了，心情愉快了，台灣卻面臨工廠倒閉，失業人口急增，自殺率節節攀升的窘狀。我們本以為總統民選、換黨執政後會把民主政治朝前推進一步，沒想到帶來的卻是生手上路，運轉不靈。再加以意識形態掛帥，族群分裂，步上大陸的後塵，也在說一套做一套了。罵別人貪瀆的人自己更貪瀆，罵別人黑金的人自己更黑金，罵別人無能的人自己更無能……，因而使我對台灣的種種現象也不能不充滿了困惑。難道民主政治推行的結果只顯示出選民的無知嗎？

九、我的祝願

千禧年的祝願

三十年一遇的流星雨，觀者趨之若鶩，千年一逢的千禧年，適逢其會，又是何等的幸運！我們的父輩、祖父輩、祖父的祖父輩，都沒有這樣的運氣，我們恰恰有幸生在這樣的年代，也並非出於自己的選擇呀！

西方有世紀末的頹廢一說，頹廢以後的世紀之初應該是氣象一新的了，西方人是這麼相信的。其實徵之史實，在歐洲第一世紀末，羅馬帝國安敦尼王朝建立；第二世紀末，羅馬帝國塞維魯王朝建立；第三世紀末，羅馬皇帝戴克里先正式實行君主政制，皆無頹廢之相。第四世紀末，羅馬帝國雖分為東西兩部，實行「一國兩制」，但並未滅亡；西羅馬帝國之亡要等到公元四七六年，而非世紀之末。第五世紀末，法蘭克王國建國後國王皈依基督教；六世紀末，法蘭克王國分裂，地方貴族宮相取得統治權；七世紀末，法蘭克宮相之戰結束，奧斯特拉西亞宮相不平戰勝對手，統治法蘭克王國；八世紀末，法蘭克王國空前強盛，國王查理稱帝，改國名為查理曼帝國；九世紀末，西歐城市興起，逐漸繁榮；十世紀末，法蘭西卡佩王朝建立；十一世紀末，十字軍開始東征；十二世紀末，法國巴黎大學成立；十三世紀末，英王愛德華一世召開模範國會；十四世紀末，義大利透露文藝復興的曙光；多好的前景！那裡有什麼頹廢！再看十五世紀末，哥倫布發現美洲；十六世紀末，英國擊敗西班牙無敵艦隊後稱霸海上；十七世紀末，英國光榮革命成功後國會通過「權利法案」，俄國彼得大帝革行新政；十八世紀末，法國於大革命後處死法王，推翻君主政體，拿破崙得勢，揮軍進埃及；十九世紀末，西方列強以殖民地名義瓜分世界弱小國家領土，並於海牙召開第一次國際和平會議。你看，每當世紀之末，西方世界多半鷹揚虎躍，何嘗有絲毫頹廢氣象？至於個人的頹廢，隨時都可以實行，不必等到世紀之末也！可見世紀末的頹廢，只表現了西方人心理中的想當然耳。

我國過去不用西方曆法，自無世紀之說，但是王朝末期必現頹敗之象，倒是史有明鑑的。每逢到了王朝末代，必有昏庸無能的帝君倒行逆施，上行下效，遂致天下大亂。如以西方紀元對照，清之敗亡在世紀之初，宋、元、明的敗亡在世紀之中，皆與西方的世紀末世無關。如今我們採用西方曆法，世紀的末世的陰影也籠罩了我們的心理，人們常把諸多社會的亂象委之於世紀末的現象。我雖然用史實證明世紀末並不會比世紀初或世紀中更加頹廢，但並不能扭轉長久存在的這種期待黎明的心理。每逢到了世紀之末，正如時值歲末年尾，總期盼下個世紀或明年揮去一個世紀或一年的陰霾，有一個嶄新的開始，何況是千載一逢的千禧年！

值此世紀之末，又是千禧年的前夕，我也想許一個下世紀（而非下千年！）的願景：首先，我祈願人們節制生育，不要使六十億的世界人口暴增到一百億，以免更多的人瀕臨飢饉的厄運；第二，祈願已發展的國家對未來的工業發展有所節制，莫要竭澤而漁，耗盡了地球有限的資源，並快速摧毀已經屢見警訊的自然環境；第三，希望通過WTO來平衡強勢國家與弱勢國家之間的貧富不均，而非擴大二者的差距。第四，祈願下世紀海峽兩岸的政治領導人具有足夠的智慧來緩和緊張情勢，避免於下個世紀兄弟鬩牆，兵戎相見；第五，祈願我們中國人人人珍惜自然環境，不要唯利是圖，再加深破壞自然景觀；第六，祈願為人父母者多盡點雙親應盡的責任，使下一代在健康的身體外也有比較健康的心理。

這六個願景之所以是我的祈願，正因為理智上我不相信會順利達成。事實上未來的發展很可能與我的祈願背道而馳。首先，在世界上節制生育談何容易！中國大陸的一胎政策，招致內外的夾攻，能夠有效且人道地堅持下去不是件容易的事。即使可以堅持下去，不旋踵也會被自由生育的芳鄰——印度或廣大的非洲和拉丁美洲追趕上來。越窮苦的地方，越難節制生育，因為窮苦，便難有先進的節育技術；也因為窮苦，怎能再剝奪自然生理的一點樂趣？在人工食物的製造尚未實現以前，飢荒是未來一個世紀最大的隱憂。其次，世界的工業發展就像一隻橫衝直闖的怪獸，牠有資本主義「各利其利」的哲學做為心臟，只要心跳正常，沒有人擋得住牠的勇往直前。發展中國家一心希冀在工業上迎頭趕上，已發展國家也不會輕易放棄繼續領先的地位，在競相爭先的情勢下，誰肯退讓呢？於是自然資源的枯竭與自然環境的污染破壞將成為下一個世紀另一個重大的隱憂。WTO看來雖然是開放關稅，信賴經濟市場的自由運作，造成利益均分的局面。但是不要忘了，自由運作中仍難免有人為的操縱，端看將來資訊掌握在誰的手裡。如國際間欠缺政治性的仲裁，大魚吞食小魚的機會比各行其事的時代還要方便。因此我對WTO的前景，是在希望中不能不存有悲觀。

至於海峽兩岸，一方面意欲伸張民族大義，維護領土的完整，另一方面卻企圖保住獨立自主的尊嚴，不肯犧牲得之不易的民主自由與經濟的榮景，這矛盾可真不小！世界上鬧獨立的地區也有一些先例，例如大英聯邦的北愛爾蘭、加拿大的魁北克等。這些地區都存在著種族、語言與宗教的問題，海峽兩岸卻沒有。海峽兩岸的對持，比較像東、西德或南、北韓，不過是政治制度與經濟發展的不同。大陸方面認為「一國兩制」是一個解決矛盾的辦法。在台灣方面卻把「一國兩制」看成為大陸侵吞台灣的一種策略和手段。因此李登輝提出「兩國論」以示對抗。民粹主義的本土派更從否認漢族血統、提倡台灣話文上用力，以便造成北愛爾蘭或魁北克的情勢。如何在兩個極端之間找到雙方都認為可以接受的妥協點，的確考驗著海峽兩岸領導人的智慧。但是期望一個人（或少數的一群人）具有如此的智慧，是否只是一種奢望呢？在台灣，為要達成政府所制定的科技島的宏圖，核四、核五、核六、六輕、七輕、八輕等等恐怕要繼續不斷的創建下去。大陸上，為了使工業升級也不遑多讓。有毒的廢料與無法摧毀的垃圾，將成為下個世紀海峽兩岸共同的惡夢！

然而我更擔心的是人的品質。如果人的品質一天天下降，其他的都不必談了。複製人或是用基因工程製造人，也許有一天可以達到，但是能保障這些人工人的品質嗎？過去大陸上曾大事宣揚雷鋒、焦裕祿等的高貴品質，後來揭穿了不過是人工製造的「神話」而已！人的真實的品質反倒是在文革期間所表現出來的種種惡行惡狀！在台灣，陳進興與林清岳兩案震動了整個台灣社會，一個是強暴、殘殺不擇手段的惡魔，另一個是用極度兇殘的手段殺害親生父母的兇手。今日在台灣，青少年間的械鬥及殘暴殺戮，無日不見。有人說過去也是如此，只因資訊不發達，沒有報導出來而已。非也！我個人曾在不同的城市上過不同的中、小學，過去實在並未見過如此殘暴不馴的青少年！在我的記憶裡，小學生最敬畏老師，上課的時候多半安安靜靜地坐在自己的座位上，哪敢在教室內任意走動？今天的小學，每一班都有幾個不聽管教的「過動兒」，台南市的某國小因為過動兒打破同學的頭顱引起罷課事件，使所有的家長憂心。最可怕的現象是小學一年級的過動小男生（才六歲呀！），竟懂得故意拍打小女生的屁股抓摸小女生的胸部（還沒有任何胸部）！對這樣的行為做父母的該不該負起些責任？

要父母負責，首先做父母的人自己必須具有起碼做人的操守才行。有些父母自己就是施暴者，凌虐親生子女的個案也不時發生。有些兒童把家庭暴力的傷痕帶到學校，報復在同學的身上。在資本主義的社會裡，人們一心賺錢，無暇旁顧，好像是天經地義的事，豈知疏忽了子女的教育，使子女成為另一個陳進興，或自己遭到林清岳父母的命運，一生辛苦賺來大筆銀子又有何用？今日產生如此眾多的問題兒童，難道說不是因為大多數的為人父母者輕忽了自己的責任嗎？

我是在為這種種問題而憂心，在憂心之餘，才不得不有所祝願，祝願表示了個人的無能為力，把希望寄託在人人在面臨千禧年的自省與自覺，唯願下個世紀人們都能痛悔過去之失，調整自己的心理與步伐，走出一個更光明的世紀來！

一九九九年十二月十四日

原載二〇〇〇年一月《文訊》第一七一期

亞洲的希望在台灣

人們常說中國的希望在台灣，其實應該把眼光放大些，說亞洲的希望在台灣才更恰當。邏輯上，如果中國因為受了台灣的啟發、台灣的導引，再下一個世紀脫胎換骨，一變而為二十一世紀的民主先進國家，那麼整個亞洲的民主進步、經濟繁榮不就有望了嗎？

今年亞洲的金融風暴，台灣受創最輕，可見台灣的經濟體制還經得起考驗。這次三合一選舉，在競選時的激烈戰況，令人十分擔心。敗方會不會因輸不起而鬧事？結果在台北敗選的陳水扁、在高雄敗選的吳敦義都很有風度地鞠躬下台。最難得的是那些支持敗將的群眾，雖然眼中含著閃光的淚水，也平平靜靜地接受敗選的事實，足見台灣的民主的確漸漸走向成熟之路了。

高雄吳敦義的敗選，似乎出乎一般人的預料。吳敦義經營高雄八年之久，口碑不差，雖然意外遭受錄音帶的困擾，但案情嚴重千萬倍的柯林頓都挺過來了，何況是一卷尚真假莫辨的錄音！謝長廷是一個與高雄素無淵源的外來者，又為宋七力和陳進興兩案所累，再加上最後幾天忽然遭受一向甚得觀眾緣的白冰冰的苦情控訴，按理說足以使謝長廷流失不少票源，居然仍能當選，實在跌破不少觀察者的眼鏡。不能不使人覺得，高雄之所以變天，與其說是由於謝長廷的個人魅力，不如說是由於群眾對民進黨的寄望。在民主政治中支持反對黨以平衡執政黨的氣焰，也是出於選民的抉擇。

台北的三位候選人，平心而論，在目前的政治圈中都屬上選。陳水扁攜現任的優勢和民進黨的全力哄抬，聲勢過人。馬英九與王建煊素有清廉的美譽，加以曾膺部長級重任的歷練，形象清新，容易贏得選民的信任。不過王建煊代表的是居於劣勢的新黨，資源不足，氣勢不壯，未被看好，容易流為犧牲，因此在投票前夕形成馬陳對決的情勢。最後馬英九以超高票當選，從技術的層面上看，固然可能因為陳陣營中年輕人的盲動（諸如撕報紙等反輿論行為）惹人反感，以及「尊王保馬」和李登輝遲來的「新台灣人」口號發生某些效用，但根本的決定因素應該是大多數選民在心理上不由自主地把保障一己的身家性命安全放在了第一位。馬英九主張維持現狀，反對急統急獨，總比陳水扁的一中一台或台灣獨立要來得安全。選擇維持現狀並非對中共的恐懼，毋寧是避免暴虎馮河，不去冒無謂之險的明智之舉。

信神的王建煊，在開票的當晚頌唱「平安夜」禱祝平安，可見他心中是有所憂慮的。結果台北的選民表現了意外的冷靜與理性，為台灣的民主選舉歷程豎立了另一次豐碑。對照大陸上的民主專政，在民主的選舉中退居第二線的毛澤東，可以用威脅的口吻說「再上井岡山」，可以用實際的行動發動「文化大革命」，奪回個人已失的政權，何嘗把人民的選擇放在眼裡？又何嘗給予人民選擇的機會？毛澤東在中國大陸所遺留的負面影響既深且鉅，是使中共政權在蘇共及東歐共產政權相繼垮台後遲遲無法走上政治改革道路的一大原因。相對的在台灣，蔣經國晚年毅然做出了開放報禁和黨禁的決定，使台灣的民主運動節省了至少二十年奮鬥的光陰，也樹立了民主領袖的楷模，使台灣得以走在亞洲民主運動的前端，已成為仍然在獨裁專制政權下痛苦呻吟的亞洲人民翹首佇望的燈塔。

如果民主運動是世界潮流的大勢所趨，蘇聯與東歐都無能抵禦，中共又能抵擋多久？今後台灣的民主成就能說不是贏得中共俯首的最重要的籌碼嗎？但是，民主政治真正的成熟，非要經過不同政黨的輪流執政一關的考驗不可，否則仍難逃一黨獨大的窠臼。不幸，今日眾望所寄的民進黨，卻是一個尚未走出悲情意識與族群分割的政黨，再加上以台灣獨立為最終的目標，能否贏得全體居民的認同呢？目前台灣人的主流意識毋寧屬於愛惜羽毛的中產階級，而非中共革命時代不惜犧牲的無產階級。一個走向執政之路的政黨，使全體人民感到沒有生命財產的威脅，是最起碼的條件。冒險家可以從事革命，但在民主政治中是沒有存身之地的！陳水扁以現任市長旺盛的人氣而落選，足以顯示台北市大多數居民的心理因素。那些放棄陳水扁而把票投給馬英九的台北市民，到底為了什麼？是不是值得民進黨深思熟慮？民進黨的困境乃在既想維持理想，又急於攫取實利。如果放棄前者，在選民的眼中他們將流為庸俗的政客；如放鬆後者呢，勢將無利可圖。如何找出一條折衷的路線，實在需要點智慧。

如果民主政治是我們與中共折衝樽俎最大的籌碼（如非唯一的籌碼），那麼我們非要珍惜這一個籌碼不可，也非要努力把民主政治往前推進一步不可。民主政治的道路不能不經過選舉，民主政治的監督不能不通過議會，而民主政治的完成不能不經過兩黨或多黨的輪流執政。在未來的歲月中，不管是從經濟發展上著眼，還是在國際生存空間上著眼，我們越來越無法逃過面對中國大陸的這一關。與大陸的關係，大家都知道雙贏是上策，玉石俱焚是絕對應該避免的。雙贏毋寧指的正是海峽兩岸共同步上民主的大道，其後果豈不正實現著「亞洲的希望在台灣」這一前提、這一理想嗎？

原載一九九九年一月《文訊》第一五九期

馬森著作目錄

一、學術論著及一般評論

《莊子書錄》，台北：台灣師範大學國文研究所集刊，第二期，一九五八年。

《世說新語研究》，台北：台灣師範大學國文研究所，一九五九年。

《馬森戲劇論集》，台北：爾雅出版社，一九八五年九月。

《文化・社會・生活》，台北：圓神出版社，一九八六年一月。

《東西看》，台北：圓神出版社，一九八六年九月。

《電影・中國・夢》，台北：時報出版公司，一九八七年六月。

《中國民主政制的前途》，台北：圓神出版社，一九八八年七月。

馬森、邱燮友等著《國學常識》，台北：東大圖書公司，一九八九年九月。

《繭式文化與文化突破》，台北：聯經出版社，一九九〇年一月。

《當代戲劇》，台北：時報文化出版社，一九九一年四月。

《中國現代戲劇的兩度西潮》，台南：文化生活新知出版社，一九九一年七月。

《東方戲劇‧西方戲劇》（《馬森戲劇論集》增訂版），台南：文化生活新知出版社，一九九二年九月。

《西潮下的中國現代戲劇》（《中國現代戲劇的兩度西潮》修訂版），台北：書林出版公司，一九九四年十月。

馬森、邱燮友、皮述民、楊昌年等著《二十世紀中國新文學史》，板橋：駱駝出版社，一九九七年八月。

《燦爛的星空——現當代小說的主潮》，台北：聯合文學出版社，一九九七年十一月。

《戲劇——造夢的藝術》，台北：麥田出版社，二〇〇〇年十一月。

《文學的魅惑》，台北：麥田出版社，二〇〇二年四月。

《台灣戲劇——從現代到後現代》，台北：佛光人文社會學院，二〇〇二年六月。

《中國現代戲劇的兩度西潮》再修訂版，台北：聯合文學出版社，二〇〇六年十二月。

〈台灣實驗戲劇〉，收在張仲年主編《中國實驗戲劇》，上海：上海人民出版社，二〇〇九年一月，頁一九二—二三五。

《台灣戲劇——從現代到後現代》（增訂版），台北：秀威資訊科技，二〇一〇年十二月。

《戲劇——造夢的藝術》（增訂版），台北：秀威資訊科技，二〇一〇年十二月。

《文學的魅惑》（增訂版），台北：秀威資訊科技，二〇一〇年十二月。

《文學筆記》，台北：秀威資訊科技，二〇一〇年十二月。

二、小說創作

馬森、李歐梵《康橋踏尋徐志摩的蹤徑》，台北：環宇出版社，一九七〇年。

《法國社會素描》，香港：大學生活社，一九七二年十月。

《生活在瓶中》（加收部分《法國社會素描》），台北：四季出版社，一九七八年四月。

《孤絕》，台北：聯經出版社，一九七九年九月，一九八六年五月第四版改新版。

《夜遊》，台北：爾雅出版社，一九八四年一月。

《北京的故事》，台北：時報出版公司，一九八四年五月，一九八六年七月第三版改新版。

《海鷗》，台北：爾雅出版社，一九八四年五月。

《生活在瓶中》，台北：爾雅出版社，一九八四年十一月。

《巴黎的故事》（《法國社會素描》新版），台北：爾雅出版社，一九八七年十月。

《孤絕》（加收《生活在瓶中》），北京：人民文學，一九九二年二月。

《巴黎的故事》，台南：文化生活新知出版社，一九九二年二月。

《夜遊》，台南：文化生活新知出版社，一九九二年九月。

《M的旅程》，台北：時報出版公司，一九九四年三月（紅小說二六）。

《北京的故事》，台北：時報出版公司，一九九四年四月（新版、紅小說二七）。

《孤絕》，台北：麥田出版社，二〇〇〇年八月。

《夜遊》，台北：九歌出版社，二〇〇〇年十二月。

《夜遊》（典藏版）台北：九歌出版社，二〇〇四年七月十日。

《巴黎的故事》，台北：印刻出版社，二〇〇六年四月。

《生活在瓶中》，台北：印刻出版社，二〇〇六年四月。

《府城的故事》，台北：印刻出版社，二〇〇八年五月。

《孤絕》（最新增訂本），台北：秀威資訊科技，二〇一〇年十二月。

《夜遊》（最新增訂本），台北：秀威資訊科技，二〇一〇年十二月。

三、劇本創作

《西冷橋》（電影劇本），寫於一九五七年，未拍製。

《飛去的蝴蝶》（獨幕劇），寫於一九五八年，未發表。

《父親》（三幕），寫於一九五九年，未發表。

《人生的禮物》（電影劇本），寫於一九六二年，一九六三年於巴黎拍製。

《蒼蠅與蚊子》（獨幕劇），寫於一九六七年，發表於一九六八年冬《歐洲雜誌》第九期。

《一碗涼粥》（獨幕劇），寫於一九六七年，發表於一九七七年七月《現代文學》復刊第一期。

《獅子》（獨幕劇），寫於一九六八年，發表於一九六九年十二月五日《大眾日報》「戲劇專刊」。

《弱者》（一幕二場劇），寫於一九六八年，發表於一九七〇年一月七日《大眾日報》「戲劇專刊」。

《蛙戲》（獨幕劇），寫於一九六九年，發表於一九七〇年二月十四日《大眾日報》「戲劇專刊」。

《野鵓鴿》（獨幕劇），寫於一九七〇年，發表於一九七〇年三月四日《大眾日報》「戲劇專刊」。

《朝聖者》（獨幕劇），寫於一九七〇年，發表於一九七〇年四月八日《大眾日報》「戲劇專刊」。

《在大蟒的肚裡》（獨幕劇），寫於一九七二年，發表於一九七六年十二月三—四日《中國時報》「人間副刊」，並收在王友輝、郭強生主編《戲劇讀本》，台北：二魚文化，頁三六六—三七九。

《花與劍》（二場劇），寫於一九七六年，未發表，收入一九七八年《馬森獨幕劇集》；並選入一九八九《中華現代文學大系》（戲劇卷壹），台北：九歌出版社，頁一〇七—一三五；一九九三年十一月北京《新劇本》第六期（總第六十期）「93中國小劇場戲劇展暨國際研討會作品專號」轉載，頁十九—廿六；一九九七年英譯本收入*Contemporary Chinese Drama*, translated by Prof. David Pollard, Hong Kong, Oxford university Press, pp. 253-374。

《馬森獨幕劇集》，台北：聯經出版社，一九七八年二月（收進《一碗涼粥》、《獅子》、《蒼蠅與蚊子》、《弱者》、《蛙戲》、《野鵓鴿》、《朝聖者》、《在大蟒的肚裡》、《花與劍》等九齣）。

《腳色》（獨幕劇），寫於一九八〇年，發表於一九八〇年十一月《幼獅文藝》三二三期「戲劇專號」。

《進城》（獨幕劇），寫於一九八二年，發表於一九八二年七月廿二日《聯合報》副刊。

《腳色》，台北：聯經出版社，一九八七年十月（《馬森獨幕劇集》增補版，增收進《腳色》、《進城》，共十一齣）。

《腳色——馬森獨幕劇集》，台北：書林出版社，一九九六年三月。

《美麗華酒女救風塵》（十二場歌劇），寫於一九九〇年，發表於一九九〇年十月《聯合文學》七二期，游昌發譜曲。

《我們都是金光黨》（十場劇），寫於一九九五年，發表於一九九六年六月《聯合文學》一四〇期。

《我們都是金光黨／美麗華酒女救風塵》，台北：書林出版社，一九九七年五月。

《陽台》（二場劇），寫於二〇〇一年，發表於二〇〇一年六月《中外文學》三十卷第一期。

《窗外風景》（四圖景），寫於二〇〇一年五月，發表於二〇〇一年七月《聯合文學》二〇一期。

《蛙戲》（十場歌舞劇），寫於二〇〇二年初，台南人劇團於二〇〇二年五月及七月在台南市、台南縣和高雄市演出六場，尚未出書。

《雞腳與鴨掌》（一齣與政治無關的政治喜劇），寫於二〇〇七年末，二〇〇九年三月發表於《印刻文學生活誌》。

《馬森戲劇精選集》（收入《窗外風景》、《陽台》、《我們都是金光黨》、《雞腳與鴨掌》、歌舞劇版《蛙戲》、話劇版《蛙戲》及徐錦成〈馬森近期戲劇〉、陳美美〈馬森「腳色理論」析論〉兩文），台北：新地文學出版社，二〇一〇年三月。

四、散文創作

《在樹林裏放風箏》，台北：爾雅出版社，一九八六年九月。

《墨西哥憶往》，台北：圓神出版社，一九八七年八月。

《墨西哥憶往》，香港：盲人協會，一九八八年（盲人點字書及錄音帶）。

《大陸啊！我的困惑》，台北：聯經出版社，一九八八年七月。

《愛的學習》，台南：文化生活新知出版社，一九九一年三月（《在樹林裏放風箏》新版）。

《馬森作品選集》，台南：台南市立文化中心，一九九五年四月。

《追尋時光的根》，台北：九歌出版社，一九九九年五月。

《東亞的泥土與歐洲的天空》，台北：聯合文學出版社，二〇〇六年九月。

《維城四紀》，台北：聯合文學出版社，二〇〇七年三月。

《旅者的心情》，上海：上海人民出版社，二〇〇九年一月。

五、翻譯作品

馬森、熊好蘭合譯《當代最佳英文小說》導讀一（用筆名飛揚），台南：文化生活新知出版社，一九九一年七月。

馬森、熊好蘭合譯《當代最佳英文小說》導讀二（用筆名飛揚），台南：文化生活新知出版社，一九九一年十月。

《小王子》（原著：法國・聖德士修百里，譯者用筆名飛揚），台南：文化生活新知出版社，一九九一年十二月。

《小王子》，台北：聯合文學，二〇〇〇年十一月。

六、編選作品

《七十三年短篇小說選》，台北：爾雅出版社，一九八五年四月。

《樹與女——當代世界短篇小說選（第三集）》，台北：爾雅出版社，一九八八年十一月。

馬森、趙毅衡合編《潮來的時候——台灣及海外作家新潮小說選》，台南：文化生活新知出版社，一九九二年九月。

馬森、趙毅衡合編《弄潮兒——中國大陸作家新潮小說選》，台南：文化生活新知出版社，一九九二年九月。

馬森主編，「現當代名家作品精選」系列（包括胡適、魯迅、郁達夫、周作人、茅盾、丁西林、沈從文、徐志摩、丁玲、老舍、林海音、朱西甯、陳若曦、洛夫等的選集），台北：駱駝出版社，一九九八年六月。

馬森主編《中華現代文學大系二 九八九—二〇〇三・小說卷》，台北：九歌出版社，二〇〇三年十月。

七、外文著作

1963　*L'Industrie cinémathographique chinoise après la sconde guèrre mondiale*（論文）, Institut des Hautes Études Cinémathographiques, Paris.

1965　"Évolution des caractères chinois" , *Sang Neuf*（Les Cahiers de l'École Alsacienne, Paris）, No.11,pp.21-24.

1968　"Lu Xun, iniciador de la literatura china moderna" ,*Estudio Orientales*, El Colegio de Mexico, Vol.III,No.3,pp.255-274.

1970 "Mao Tse-tung y la literatura:teoria y practica" , *Estudios Orientales*, Vol.V,No.1,pp.20-37.

1971 "La literatura china moderna y la revolucion" , *Revista de Universitad de Mexico*, Vol.XXVI, No.1, pp.15-24.

"Problems in Teaching Chinese at El Colegio de Mexico" , *Journal of the Chinese Language Teachers Association in North America*, Vol.VI, No.1, pp.23-29.

La casa de los Liu y otros cuentos（老舍短篇小說西譯選編）‧ El Colegio de Mexico, Mexico, p.125

1977 *The Rural People's Commune 1958-65: A Model of Social and Economic Development* (Dissertation of Ph.D. of Philosophy at University of British Columbia, Canada).

1979 "Water Conservancy of the Gufengtai People's Commune in Shandong" (25-28 May , The Annual Conference of Association for Asian Studies).

1981 "Kuo-ch'ing Tu: *Li Ho* (Twayne's World Series), Boston, Twayne Publishers, 1979" , *Bulletin of SOAS*, University of London, Vol. XLIV, Part 3, pp.617-618.

"*The Drowning of an Old Cat and Other Stories*, by Hwang Chun-ming (translated by Howard Goldblartt), Bloomington, Indiana University Press,1980", *The China Quarterly*, 88, Dec., pp.707-08.

1982 "Jeanette L. Faurot (ed.): *Chinese fiction from Taiwan: Critical Perspectives*, Bloomington: Indiana University Press, 1980", *Bulletin of the SOAS*, Unversity of London, Vol. XLV, Part 2, pp.383-384.

"Martine Vellette-Hémery: *Yuan Hongdao (1568-1610): théorie et pratique littéraires*, Paris, Collège de France, Institut des Hautes Études Chinoises, 1982", *Bulletin of the SOAS*, Unversity of London, Vol. XLV, Part 2, p.385.

1983 "Nancy Ing (ed.): *Winter Plum: Contemporary Chinese Fiction*, Taipei, Chinese Nationals Center,1982", *The China Quarterly*, pp.584-585.

1986 "Contemporary Chinese Literature: An Anthology of Post-Mao Fiction and Poetry, edited with an Introduction by Michael S. Duke for the Bulletin of Concerned Asian Scholars, New York and London, M. E. Sharpe Inc., 1985", *The China Quarterly*, pp.51-53.

1987 "L'Ane du père Wang" , *Aujourd'hui la Chine*, No.44, pp.54-56.

1988 "Duanmu Hongliang: *The Sea of Earth*, Shanghai, Shenghuo shudian, 1938", *A Selective Guide to Chinese Literature 1900-1949*, Vol.1 The Novel, edited by Milena Dolezelova-Velingerova, E. J. Brill, Leiden. New York, KØbenhavn Köln, pp.73-74.

"Li Jieren: *Ripples on Dead Water*, Shanghai, Zhong hua shuju, 1936", *A Selective Guide to*

Chinese Literature 1900-1949, Vol.1, The Novel, edited by Milena Dolezelova-Velingerova, E. J. Brill, Leiden. New York, KØbenhavn Köln, pp.116-118.

"Li Jieren: *The Great Wave*, Shanghai, Zhong hua shuju, 1937", *A Selective Guide to Chinese Literature 1900-1949*, Vol.1, The Novel, edited by Milena Dolezelova-Velingerova, E. J. Brill, Leiden. New York, KØbenhavn Köln, pp.118-121.

"Li Jieren: *The Good Family*, Shanghai, Zhonghua shuju, 1947", *A Selective Guide to Chinese Literature 1900-1949*, Vol.2, The Short Story, edited by Zbigniew Slupski, E. J. Brill, Leiden. New York, KØbenhavn Köln, pp.99-101.

"Shi Tuo: *Sketches Gathered at My Native Place*, Shanghai, Wenhua shenghuo chu banshee, 1937", *A Selective Guide to Chinese Literature 1900-1949*, Vol.2, The Short Story, edited by Zbigniew Slupski, E. J. Brill, Leiden. New York, KØbenhavn Köln, pp.178-181.

"Wang Luyan: *Selected Works by Wang Luyan*, Shanghai, Wanxiang shuwu, 1936",
A Selective Guide to Chinese Literature 1900-1949, Vol.2, The Short Story, edited by Zbigniew Slupski, E. J. Brill, Leiden. New York, KØbenhavn Köln, pp.190-192.

1989 "Father Wang's Donkey"（translated by Michael Bullock）, *PRISM International*, Canada, Vol.27, No.2, pp.8-12.

"The Theatre of the Absurd in Mainland China: Gao Xingjian's *The Bus Stop*", *Issues & Studies*, National Chengchi University, Vol.25, No.8, pp.138-148.

1990 "The Celestial Fish"（translated by Michael Bullock）, *PRISM International*, Canada, January 1990, Vol.28, No.2, pp.34-38.

"The Anguish of a Red Rose"（translated by Michael Bullock）, *MATRIX*（Toronto, Canada）, Fall 1990, No.32, pp.44-48.

"Cao Yu: *Metamorphosis*, Chongqing, Wenhua shenghuo chubanshe, 1941", *A Selective Guide to Chinese Literature 1900-1949*, Vol.4, The Drama, edited by Bernd Eberstein, E. J. Brill, Leiden. New York, KØbenhavn Köln, pp.63-65.

"Lao She and Song Zhidi: *The Nation Above All*, Shanghai Xinfeng chubanshe, 1945", *A Selective Guide to Chinese Literature 1900-1949*, Vol.4, The Drama, edited by Bernd Eberstein, E. J. Brill, Leiden. New York, KØbenhavn Köln, pp.164-167.

"Yuan Jun: *The Model Teacher for Ten Thousand Generations*, Shanghai, Wenhua shenghuo chubanshe, 1945", *A Selective Guide to Chinese Literature 1900-1949*, Vol.4, The Drama, edited by Bernd Eberstein, E. J. Brill, Leiden. New York, KØbenhavn Köln, pp.323-326.

1991 "The Theatre of the Absurd in Mainland China: Kao Hsing-chien's *The Bus Stop*" in Bih-jaw

Lin（ed.）, *Post-Mao Sociopolitical Changes in Mainland China: The Literary Perspective*, Institute of International Relations, National Chengchi University, Taipei, pp.139-148.

"Thought on the Current Literary Scene", *Rendition*（A Chinese-English Translation Magazine）, Nos.35 & 36, Spring & Autumn 1991, pp.290-293.

1997 *Flower and Sword* (Play translated by David E. Pollard) in Martha P.Y. Cheung & C.C. Lai (ed.), *Contemporary Chinese Drama*, Hong Kong, Oxford University Press, pp.353-374.

2001 "The Theatre of the Absurd in China: Gao Xingjian's *Bus-Stop*" in Kwok-kan Tam (ed.), *Soul of Chaos: Critical Perspectives on Gao Xingjian*, Hong Kong, The Chinese University Press, pp.77-88.

2006 二月，《中國現代演劇》（《中國現代戲劇的兩度西潮》韓文版，姜啟哲譯），首爾。

八、有關馬森著作（單篇論文不列）

龔鵬程主編：《閱讀馬森——馬森作品學術研討會論文集》，台北：聯合文學，二〇〇三年十月。

石光生著：《馬森》（資深戲劇家叢書），台北：行政院文化建設委員會，二〇〇四年十二月。

語言文學類　PG0529

台灣啊！我的困惑

作　　者 / 馬　森
主　　編 / 楊宗翰
責任編輯 / 孫偉迪
圖文排版 / 蔡瑋中
封面設計 / 蕭玉蘋

發 行 人 / 宋政坤
法律顧問 / 毛國樑　律師
印製出版 / 秀威資訊科技股份有限公司
114台北市內湖區瑞光路76巷65號1樓
電話：+886-2-2796-3638　傳真：+886-2-2796-1377
http://www.showwe.com.tw
劃撥帳號 / 19563868　戶名：秀威資訊科技股份有限公司
讀者服務信箱：service@showwe.com.tw
展售門市 / 國家書店（松江門市）
104台北市中山區松江路209號1樓
電話：+886-2-2518-0207　傳真：+886-2-2518-0778
網路訂購 / 秀威網路書店：http://www.bodbooks.com.tw
國家網路書店：http://www.govbooks.com.tw
圖書經銷 / 紅螞蟻圖書有限公司
114台北市內湖區舊宗路二段121巷28、32號4樓
電話：+886-2-2795-3656　傳真：+886-2-2795-4100

2011年5月BOD一版
定價：300元

國家圖書館出版品預行編目

台灣啊！我的困惑 / 馬森著. -- 一版. -- 臺北市 : 秀威資
訊科技, 2011. 05
面； 公分. --（語言文學類 ; PG0529）
BOD版
ISBN 978-986-221-724-5（平裝）

1. 言論集

078　　100003690

讀者回函卡

感謝您購買本書，為提升服務品質，請填妥以下資料，將讀者回函卡直接寄回或傳真本公司，收到您的寶貴意見後，我們會收藏記錄及檢討，謝謝！如您需要了解本公司最新出版書目、購書優惠或企劃活動，歡迎您上網查詢或下載相關資料：http:// www.showwe.com.tw

您購買的書名：________________________

出生日期：________年________月________日

學歷：□高中（含）以下　□大專　□研究所（含）以上

職業：□製造業　□金融業　□資訊業　□軍警　□傳播業　□自由業

□服務業　□公務員　□教職　□學生　□家管　□其它_____

購書地點：□網路書店　□實體書店　□書展　□郵購　□贈閱　□其他

您從何得知本書的消息？

□網路書店　□實體書店　□網路搜尋　□電子報　□書訊　□雜誌

□傳播媒體　□親友推薦　□網站推薦　□部落格　□其他__________

您對本書的評價：（請填代號　1.非常滿意　2.滿意　3.尚可　4.再改進）

封面設計____　版面編排____　內容____　文／譯筆____　價格____

讀完書後您覺得：

□很有收穫　□有收穫　□收穫不多　□沒收穫

對我們的建議：________________________

____

____

____

請貼
郵票

11466
台北市內湖區瑞光路 76 巷 65 號 1 樓

秀威資訊科技股份有限公司 收

BOD 數位出版事業部

....

（請沿線對折寄回，謝謝！）

姓　　名：____________ 年齡：______ 性別：□女　□男

郵遞區號：□□□□□

地　　址：________________________________

聯絡電話：（日）____________（夜）____________

E-mail：________________________________